受験必要論

人生の基礎は受験で作り得る

林　修

集英社文庫

はじめに

受験を素晴らしい制度だと賛美する人には、今までお目にかかったことがありません。せいぜい、必要悪だと思われているくらいのようです。

ならば、なくしてしまったほうがいいのでしょうか？　時おり、「もし受験というシステムがなくなったら」という空想をするのですが、そこで空白となった時間が若者にとって、より充実したものになるのかというと、それも疑わしいと思っています。

もちろん、すでに明確な目標があって、それに向かって邁進《まいしん》しているという若者もいるでしょう。たとえば、甲子園《こうしえん》で活躍して、プロ野球のドラフトにかかるような若者のように。彼らは受験する必要もないし、実際、受験の現場に姿を現すこともありません。

しかし、多くの高校生はこの時期、まだまだ将来の自分を捉《とら》えかねているのが現実です。空白の時間を目の前にして「ご自由にどうぞ」と言われたら、戸惑ってしまう若者も多いのです。

この社会において、全員が学校の勉強ができるようになる必要はありません。しかし、誰もが豊かな「考える力」を持つべきです。なぜなら、社会に出てからも、ときには答えのないような「問題」まで解いて、物事を「解決」し、「創造」していかねばならないからです。その際に、「考える力」は不可欠です。

受験勉強の際には、必ず「わからない」問題にぶち当たります。そこでの「わからないなあ、どうやったらわかるのかなあ」と必死に考える時間こそが、本当に尊いのです。そうやって若者は「考える力」を高めていくものなのです。

僕は予備校講師です。もう20年以上もこの仕事を続け、数多くの受験生を見送ってきました。その結果として、受験はそれほど悪いものでもないという思いを抱いています。もちろん、どう向き合うかによって、その意味は大きく変わってきます。ですから、長年の経験の中で得たものを皆さんにお伝えして、受験という制度を正しく理解していただき、よりよい向き合い方を見出していただきたいと思って、インタビューを受け、それをもとにしてこの本を書きました。

そしてこの本が、受験システムそのものの改善にわずかであれお役に立てることにでもなれば、こんな嬉《うれ》しいことはありません。

目次

第2章 林修式・超実践的受験術

第3章 僕の受験生時代

受験必要論

人生の基礎は
受験で作り得る

林　修

本文デザイン　pmf co., ltd.

第1章　受験とは何か？

受験とは特権的なことである

――最初に「受験とは何か？」について、大きな観点から林《はやし》先生の思われるところをお聞かせください。（聞き手・編集部。以下同）

「まず、『受験ができることは特権的なことである』。これはすべての受験生に心しておいてほしいと思います。世の中には受験することを許される人と許されない人とがいます。大学に行きたかったけれども家庭の事情で行けなかった人、特に最近は経済的な理由で受験したいけれどもできない、そういう人がたくさんいる中で、受験ができること自体が特権的なことであるんです。

そもそも勉強できるということは贅沢《ぜいたく》なことなんです。しなければ生きていけない、たとえば食事だったり睡眠だったりとは全然次元が違うことで、すべての人に本当に必要かどうかは疑わしい。なのにそれをやらせてもらえるということは、非常に恵まれていることなんです。

大学とは自分の可能性を探す場所です。そんな素敵な場所への挑戦を親がさせてくれる環境にある。しかも、行きたくても行けない人がいる中で行かせてもらえる。なのに、受験に真剣に取り組めないというのは、甘えているのではないでしょうか。やりたくないならば、やらないほうがいい。逆に、やらせてもらえるのならば真剣に向き合いなさい、と言いたい。

そして、これが大きいことなのですが、受験は『合否』という勝ち負けがはっきりと出ます。勝ち負けがはっきりと出る場に自分が正面から向き合うことは、人生の財産になります。できれば勝っておきたい。しかし、正面からぶつかって負けることもある。そうであっても、それはそれでとてもいい経験で、若い受験生にはそれも財産になり得る。それが受験の一番素晴らしいところだと僕は考えています」

――「受験ができることは特権的、勉強できることは贅沢なこと」。普段はそのように意識することはありませんが、よく考えるとそうですね。

「僕が東大《とうだい》の学生時代、その中でもとびっきり優秀なある教授のゼミを受講したことがありました。必要な本をいろいろと指示され、その合計額はなんと10万円以上！　それで、ある学生が『高すぎて買えない』と言ったんです。そうしたら教授は即座に『ならば、このゼミをやめてください。勉強は贅沢ですから』と静かに言い放ったんです。僕は『そのとおりだな。勉強は贅沢なんだよな』と心底感心しました。今考えると、教授は勉強に本気で取り組む覚悟を求めていたように思うんです。自分自身がそうやって勉強してきたということもあるでしょうね。このことは、今でも時々授業で生徒に話しています」

受験まで1ヵ月の時点でのメッセージ

――受験とは、単に点数の取り方だけでなく人生への心構えも勉強するものなんですね。

「そうです。ここで僕が毎年、受験直前1ヵ月前に受験生に向けて話していることを紹介しましょう。

『いよいよ残り1ヵ月。君たちの人生のすべてを決める1ヵ月です。どこの大学に行くかで人生のすべてが決まります。くれぐれも誤解してほしくはないのですが、偏差値の高い大学に行くからいい人生になるとか、それが低い大学に行くから悪い人生になるとか、そういう意味ではありませんよ。どの大学に入るかによって、会う人間が変わってきます。それに伴って、考えの基準が変わります。

高いレベルの大学に行くと、すごく勉強をしていてもそれが当たり前だという人たちがたくさんいて、自分もそれに引っ張られます。つまり『感覚のインフレ』が起きるんです。逆に下の方《ほう》に行くと、ちょっとしかやっていないのに俺《おれ》はすごいことをやっていると錯覚をしている人が多く、自分もそれに染まってしまいます。もっとも、勉強面以外では優れた人もいて、どちらがよいという話ではありませんが、少なくとも今述べたようなことが起きます。

このように、自分の中の基準というものが大学という場所で作られる可能性が極めて高いんです。そして、その基準で一生生きていくことになるので、そういう意味でどの大学に行くかということは君たちの人生のすべてを決めることになるんです』

そして僕は、黒板に次のページのようなチャートを書いて、こう続けます。

『じゃあその大学に対して、行きたいという思いがあって、あとひと月。頑張ってできるだけのことを、もうやり残したことがないというくらいやったか。まず、これで○か×かに分かれる。そしてその結果、受かったかどうかでもう１つ○か×かに分かれます。

完璧《かんぺき》に力を出し切って合格した（①）。これはいい。

完璧に力を出し切った、しかし落ちた（②）。これはなんで落ちたかというと、この

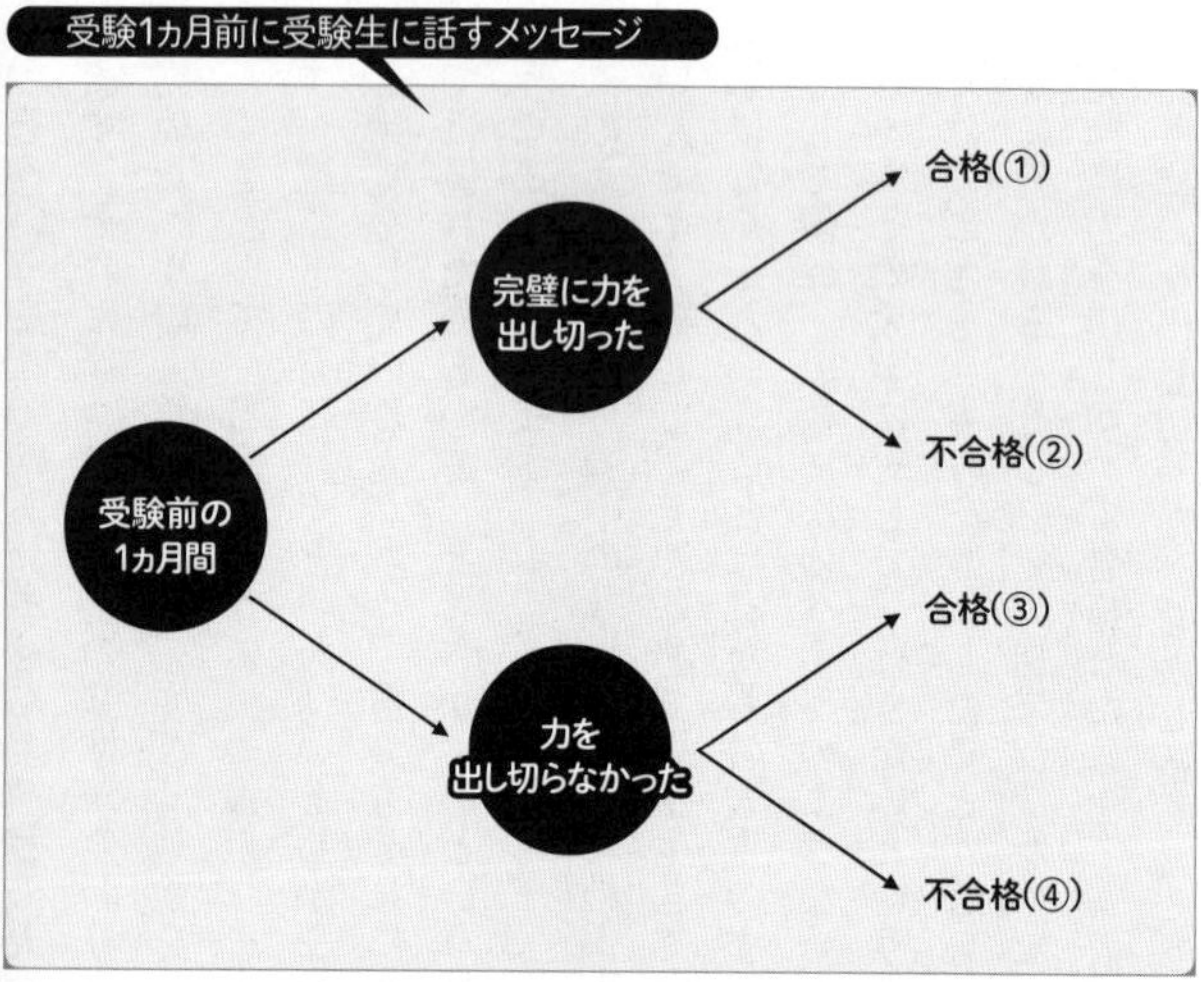

ひと月の過ごし方は間違っていなかったけれども、受かるまでの準備が足りなかった。これも別に問題ない。

問題なのは、このひと月踏ん張りがきかなかったな、と思いつつも受かってしまった（③）。これはまずいんです。つまり、俺はここが勝負だと思いつつ、たったひと月も踏ん張れない人間だという思いを抱えてこれから生きていくことになりますから。

だったらむしろ、ひと月頑張れないで落ちた方がいい（④）。そこでもう1回出直して、今度はひと月頑張れたという自信を持って大学に行けばいいんです。

そして、こういう経験を通じて得たものを10代のうちに自分の内部の財産にしておけば、それが生きていくうえで大きな力を与えてくれることになります。

このひと月は、それが試されるひと月です。ただ、やるかやらないかは、もちろん自由ですが』

と。

でも、この話で本当に伝えたいことは、『ひと月頑張れるということは実はすごいことで、ひと月頑張れる人は1年頑張れる。1年頑張れる人は、それを積み重ねて10年頑張れる。10年頑張れる人は結局、一生頑張れる』ということなんです。

ひと月ならば俺は頑張れるぞ、いけるぞという自信を持つことは、結局、一生俺は頑張れるぞ、いけるぞという自信の基礎になるんです。それを持てるかどうかのチャンスがこのひと月の頑張りにあるし、それが実は大変な差を生むんだよ、というふうに生徒を励ましているんです」

――その際の生徒さんの反応はどうですか？

「全員の反応がわかるわけではありませんが、おおむね好評のようです。授業後に取ったアンケートには、あのときの話が一番心に残ったというコメントが結構出ますから」

学問とは批判的精神でしかなし得ない

――そうした生徒さんを前に、林先生は日々、具体的に何を考えながら講義を行なっているのですか。

「まず、最初に言うのは『学問とは批判的精神でしかなし得ないものである』ということです。本当にこれでいいのか？　本当にこれで正しいのか？　君らは今、僕の授業を受けているけれども、こんなテレビのバラエティ番組に出まくってチャラチャラしている林の話を聞いてていいのか？（笑）　まず疑いなさい、と伝えます。

そんな疑いを抱きつつ、僕の伝える解き方と自分が今までに問題を解いてきたやり方とをぶつけてみて、悔しいけれども納得できる部分があれば、それを受け入れていきなさい、と。

『先生からこうやりなさいと言われた。は～いとやってみました。先生できません。なので、他に何かいいやり方はありませんか？』

こういうのは勉強とは言わないんです。

勉強とは、自分に合った勉強法を見つけ出していくことが一番の基礎になければならないんです。その際に、批判的精神を持ちつつ、残念だが、林の言うことを聞くしかないというような批判的受容をする。そして、それを基にして自分の勉強法というものを作り上げていくことが一番大事だよ、と話します。

実は、僕自身が先生の言うことを全然聞かない生徒でした。これは今振り返ると恥ずかしい思い上がりなんですが、あえて告白します。当時は、いろいろな先生を見たときに『俺の方ができるのではないだろうか？　だとしたら、自分のやり方のほうが正しいのではないだろうか？』としばしば思っていました。でも、ときに『ああ、ここは向こうが正しいな』と思うこともあって、それはいただく。そんなやり方をしていたんです。

僕は高校時代にやったことが、意外と今でも頭の中にしっかり残っているんです。それは、ただ頭に入れたというのではなくて、自力で方法をしっかり考えながら頭に刻んだからではないかと思っています。批判的受容をしながら自分の勉強法を作り上げつつ勉強をしてきたので、それが頭にしっかり刻まれて抜けにくくなっているのではないかと考えています。

だから教師から『こういうふうにやりなさい』と言われて、『は～い』とやるようでは、なかなか勉強ができるようにはならないですよ。ただ素直なだけではダメ。少し生意気なくらいのほうが、伸びますね。そして『う～ん、残念だけどオレの負けだ。あなたのやり方をここは受け入れますよ』、そういう過程を経た人が、それを本当に自分のものにしていけるんだと思います」

――林先生がなさった「自分の勉強法」の具体例を教えてください。

「たとえば、よく教師が『教科書の大事なところに線を引け』と言います。でも僕は、教科書に線を引くのが大嫌いで、絶対に引かなかったんです。僕は視力が悪いから、教室で一番前に座っていることが多かったんです。だから、先生からすると、言うことを聞かない生徒が目の前にいることになります。それで先生は怒るんですけど、僕は『これ、全部頭に入れるつもりなんで、線なんかいらないんです。だから放《ほ》っといてください』と言い返しもしました。僕からすると大きなことを言ってしまった以上、結果を出さないわけにはいきません。その科目は他の科目以上に頑張って、試験で結果を出しました。先生から見たら扱いにくい生徒だったし、今では申し訳ないという気持ちでいっぱいですが、それでもあそこでツッパって自分の勉強法を貫いたことが、その後の成長につながったとも思っています。

そうはいっても、これはかなり極端なケース。もうちょっと常識的な対応があるはずです。となると、僕みたいな極端なケースが一方の極にあって、言いなりになるという勉強法がもう1つの極にある。その間で自分の一番いいところがあるはず。勉強とはそこを各自が探していくということなんです。

実はこれは数学の考え方なんです。両端に極があって、その間に一番よい最適化ができる。関数でいうと最大値がある。僕は数学がすごく好きだったので、今になっても考え方としてパッと頭に浮かんでくる。こんな感じで、受験勉強は単に知識を入れるだけじゃなくて、考え方の基礎というか役に立つ道具がいっぱい身につくんです。

受験勉強をしっかりやるということは、あとから効いてくるんです。今話したように、両極を置いた中での自分の最大値を発見することとか。

まとめましょうか。

受験とは『批判的精神を持って、批判的受容の中で、自分だけの勉強法を作り上げていく』ことです。そして、それを楽しいと思える人は勉強に向いているともいえます。自分で自分のやり方を作っていくのは、本当に楽しいことなんですよ。そこには創造するという感覚がありますから。それが面白いところだと思います」

「積極的受験」と「消極的受験」

――林先生は、大学受験には「積極的受験」と「消極的受験」があるとおっしゃっています。

「まず『積極的受験』について説明します。これは受験の段階で、大学やその先ですでにやりたいことがある場合です。一番わかりやすいのは医者。医者になりたいとなると、これは大学の医学部を卒業しないといけない。あるいは弁護士になりたいとか。……弁護士だったら大学に行かなくてもなれる選択肢もありますけど、大学の法学部に行った方がルートは簡単ですよね。

一方で『消極的受験』というのは、高校生にとって見える世界というのはまだすごく狭いわけです（親指と人さし指で小さな輪を作る）。僕自身も大学に入ってわかったことがたくさんあります。それに、社会に出てさらに『世の中はこんなふうだったんだ』とわかることも多かった。そのうえ、この半年でさらに急に世界が広がっています。本当に、人間ひとりが見えている世界はすごく狭いんです。だから、この輪の中にやりたいことが見つからないことは十分にありえます。だったら、まず世界を広げてみるために大学に入ってみる。そのための受験を『消極的受験』と考えています。

僕は、このどちらでもいいと考えています。

高校時代から本当にやりたいことがあって、それで大学に行ってそれが一生続いたら、本当にラッキーなことですよね。逆に、受験なんか必要ない人もいる。たとえば、イチロー選手や松井秀喜《まついひでき》選手は、受験もしていないし大学にも行っていない。彼らには大学は必要がなかった。受験以外でやりたいことが見つかっていたからです。けれども、そういう人も例外的です。

やはり何がやりたいのかがまだわからないという人は多いんです。だから、可能性を探したり視野を広げに大学に行くという消極的受験を否定することはできません」

――積極的受験の人にとっての大学の価値はわかります。でも、消極的受験の人にとっても、大学は利用価値があるものなのでしょうか。

「十分、価値はあります。高卒で直接社会に出るのは、それでバリバリやっている方もたくさんいらっしゃるけれども、やはり厳しいですよ。いきなり社会に出てお金をもらう立場になるわけですから。逆に、大学では学生がお金を払っている方なので、学生はお客さまであり、その点でものすごく無責任でいられます。

この〝責任を免除された状態〟で自分の可能性を探すのと、社会に出て相手からお金をもらう、お金をもらうということは責任が生じるということですから、その責任を負いつつ自分の可能性を探すのと、どちらが楽かは比較するまでもないでしょう。

うちは子どもを大学に通わせるのは無理だというご家庭はたくさんあるのですから、

先ほども言ったように、大学に行けること自体がすでに特権的なことなんです。大学とは、その特権を生かして、無責任な状態で自由を享受しつつ可能性を探せるという貴重な場所なんです。

この無責任は、社会が容認する無責任です。学生ならばしょうがないよね、と社会全体が思っているんです。これが会社員だったら、若かろうがなんだろうが給料をもらっている人に対しては厳しくなりますし、経営側からすれば貢献度が低ければ給料ドロボーと言いたくなりますよ。でも、お金を払っている側は強いんです。それで無責任が許されるんです」

少子化が進む中で、大学を見直すべきではないか？

――そんな魅力的な場所である大学ですが、昨今は大学の数も増え、希望者全入時代になっています。いい時代ですね。

「本当にそうでしょうか？　大学に全員行く必要があるとは、到底思えません。たとえば300点満点で合格最低点35点などという大学が実際にあります。入試問題が極端に難しいというわけでもない。この問題で、この程度しかできない学生を入学させて、いったいどんな教育が行なわれているのだろうか？　それは本当に『大学教育』の名に値するものだろうか、やはりそう考えてしまいます。しかし、そういう大学にも国から助成金とかが出ているようなんです。ならば、そういう大学を徹底的に見直して、時には整理もしながら、もしお金が余るようなら、たとえば京都《きょうと》大学の山中伸弥《やまなかしんや》教授のところにまわしたらどうなんだろうか、その方がより適切なお金の使い方ではないのだろうか？　そんなことをつい考えてしまいます。

大学教育というのは、小・中・高と積み重ねてきてその上に乗る、一番難しい、高いレベルの教育が行なわれる場所のはずです。だから、そういう高度な教育に対する適性を持ち、しかもしっかり準備ができている人の数は、社会が進歩したからといってそんなに急に増えるわけがないんです。なのに、今の日本は大学全入時代を迎えてしまった。僕にはどうしても『健全な』状況だとは思えません。内実を精査して、全体のあり方の見直しをすべき時期にきているのではないでしょうか？　何よりも少子化で、学生の数自体が減っているのですから。

そして、そうやって見直しが進んだら、今度は、学力以外の『物差し』で能力を測る大学をたくさん作ったらどうでしょうか？

たとえば写真家の方に伺ったのですが、写真を本格的に勉強しようとすると、結局海外に留学する人が非常に多くなるんだそうです。なぜかというと、日本には高度な写真教育の場が少ないからなんだそうです。だったら、先に述べたような見直しを行なって、写真の大学や映画の大学を作ったらどうでしょうか。オリンピックであれだけ盛り上がるのに、体育大学だって足りないのではありませんか。国立料理大学寿司学科、なんていうのがあってもいいですよね。そうやってさまざまな『物差し』の大学を社会がたくさん用意して、一人一人が自分に向いた場所で頑張れるようになれば、皆が胸を張って生きていけるようになるのではないでしょうか。

僕は写真が得意だからこの大学に行くよ、君は勉強が得意だからその大学に通っているんだね……こんな状況になれば、皆が自分のすることにプライドを持てるようになると思うんです。そのために、受験勉強というたったひとつの『物差し』で測る今の大学のあり方を徹底的に見直して、その代わりに、写真大学、映像大学といった多様な能力を育《はぐく》む場所を増やしていく方がいいのではないか、というのが僕の持論です。

この案にはさまざまな抵抗があるかもしれませんが、多くの分野において、先進国であるはずの日本よりも海外の大学に大きな魅力を感じて、優秀な学生が流出している現実があります。これって悔しくありませんか？　必要な人材を日本に呼んできて、この分野は、日本の○○大学が最先端だ、という分野をもっともっと作り出していくべきだと思うんです。そうでないと、この国がどんどんアジアの二流国に転落していくように思えてならないのは、僕の思い過ごしなんでしょうか？

今申し上げたような、大学の見直しに際して、たとえばその大学の教授の論文が世界中でどの程度引用されているか、といったデータは今でも手に入りますが、もう少しわかりやすい指標があってもいいと思うんです。先にも述べたように、こんな入試成績の生徒まで合格させてしまっていいのだろうかという懸念があるのですから、そうした懸念を払拭《ふっしょく》するような何かがあった方がよいのではないかと。

たとえば、大学を横断した統一試験を行なうというのはどうでしょうか？　もちろん1つの試験でやると問題があると思うので、さまざまな問題を作り、さまざまな試験を大学を横断する形で行なうんです。そして、大学別に結果を公表するんです。そうすれば、偏差値が高いと言われている大学の成績が案外低くて、中に入ると勉強しないんだなとか、逆にいわゆる偏差値の低い大学の結果がよくて、大学に入ると案外頑張るんだなといったことが世間の人にもよくわかると思うんですよ。確かに共通試験のやりにくい科目もありますが、法学や数学などはそれほど難しくないように思うのですが。

現在でもそうしたことが一応できているのが医学部・歯学部です。国家試験があり、合格率が公表されますから。もちろん、国家試験もまた1つの『物差し』にすぎませんが、それでも大学を横断した比較をある程度可能にしています。

こうした比較を他の学部も行なうことによって、『大学』と名乗りながらさすがにこの結果はないだろうということにでもなれば、徹底的な見直しを行なうのです。そうすれば、今のような大学の数が過剰な状況が改善されるようにも思うのです」

今の受験競争はゆるすぎるのでは？

――大学の数が増えたことで「日本の大学はアメリカ型のように入り口が広くなった。受験競争が緩和されてよいことだ」という意見もあるようですが。

「アメリカ型の『入り口が広くて、出るのが厳しい制度』、それが本当にできるのならばそれでもいいと思います。その際のポイントは『出るのが厳しい』の部分の『品質管理』がきちんとできるかどうかです。

しかし、欧米とは基本的な社会構造や、大学進学率も大きく異なるのですから、なんでもかんでも欧米化すればいいというわけでもありません。10代のうちに1つのことにグッと集中して取り組んで頭を使うという日本型の受験制度は、僕は悪いものだとは思わないんです。これはこれで残していいと思っています」

――今、受験が問題だという声は、「従来型の受験競争が過酷すぎる」という認識からきているようですが。

「僕はむしろ、ゆるいと思いますね。『過酷』というのは、かつての中国の科挙とか、今の韓国《かんこく》の大学入試のことをいうのだと思います。東大を例に取ると、約30年前の僕らの入試のときには全国の受験生の総数が毎年約120万人いました。それが今では60万人くらいです。それなのに、東大の定員はほぼ変わっていないんです。そうなると、当然入りやすくなっていると考えていいでしょう。

実際、最近は生徒の合否予想がよく外れるようになったんです。昔は『彼は受かる。彼は落ちる』という予想は、まず外れることはなかったんです。しかし、今は『彼は受かる』という予想はまず外れることはないのですが、『彼は落ちる』という予想は本当によく外れるようになりました。受かってしまうんです。

たとえば、僕が講師を務める東進《とうしん》ハイスクールのデータを見ると、東大の二次試験が440点満点で、トップ合格者の点数が360点とか370点です。一方で、学部によっては240点くらいで受かっている生徒もいるんです。440点の試験で120点もの差があれば、学力差も相当なものです。それでも同じ『東大生』なんですよ。トップと言われている東大ですらこんな状況で、入るだけなら相当楽になっているのが実情です。だから、日本の受験勉強が過酷だとは、僕にはどうしても思えないんです。
大学全入時代に突入した今、もしも問題があるとしたら試験が簡単すぎることの方でしょうね。少なくとも僕の担当している現代文においては、センター試験は２０１３年こそ多少難化したものの基本的に易しいし、東大でもここ数年はかなり易しい問題が出題されています。そういえば、かつて数学の問題が終わった瞬間に激怒した教え子がいました。こんな問題のために、あんなに勉強してきたわけじゃないって」

東大理I、理IIに飛び級を導入せよ

——受験が易化していることはわかりました。他に今の受験制度での問題点はありますか。

「飛び級がないことです。上位層の中には、かなり『退屈』している生徒もいます。東進に東大理IIIに非常に優秀な成績で受かった学生スタッフがいるんですが、その彼に『大学受験の数学、いつ終わった？』と聞いたら、『中２』だと言うんです。そうしたら、それを聞いていた周りのスタッフがこう続けました。『すげえな、普通、中３だぜ』と。

もちろん、これは極端な例ですが、優秀な生徒の中には、ただただ受験可能年齢になるのを待っている生徒もいるんです。僕が知っている限り、先進国ではこれは例外的な状況だと思うんです。

ちょっと単純化しすぎかもしれませんが、生徒の学力を三層に分けて考えてみようと思います。

まず、学力が低い、いわゆる勉強のできない層。次に中間層。そして上位層。そうやって考えると、この国の教育は、ずっとこの中間層に照準を合わせて行なわれてきたような気がしてなりません。この層は、最初はつまずいたりしても、本人が頑張ったことで、あるいは教師が適切に導いたことで、勉強ができるようになる、つまり『頑張ればできる層』なんです。

そもそも、教える側にいる人の多くがこの層であって、『僕もかつてはできなかった。でも、頑張ったからこそできるようになった。だから君たちも頑張れ』と励ます。でも、この調子が強すぎるように思われてならないんです。

もちろん、そのことのすべてが悪いことではありませんよ。しかし、こういうやり方は中間層に向けてはいいのですが、下位層に合うものではありません。頑張っても結果にはつながらず、それに対してただ努力が足りないとされてしまいかねません。

勉強にはやはりある程度適性があって、本当に頑張っているのにできるようになりにくい人がいます。こうした人は適性が低いというだけで、人間的に劣っているわけではまったくありません。しかし今の制度では、勉強に適性のない層が必要以上にコンプレックスを抱かざるを得ない状況になっています。だから、先に述べたように別の『物差し』で測るシステムが必要なんです。それが今まで作られてこなかったのは、『頑張ればできる層』つまりは中間層を偏重してきた教育にも一因があったのではないでしょうか？

一方で上位層も、十分面倒を見てもらってきたとは言いがたいと思います。彼らは『放っておいても大丈夫』という扱いを受けてきたように思います。確かに放っておいても大丈夫なんですが、文系はともかく、『若い頭脳』が必要な理系の分野においては、もっと背中を押すというか、あるいはお尻《しり》をひっぱたいてもいいのではないですか？つまり、優秀な生徒はどんどん先に進めてあげて刺激を与えたほうがよいのではないでしょうか。理系の多くの分野においては、18歳で大学に入っていては遅いと思うんですよ。

さらに今、別の問題も起きています。そうした理系の上位層が医学部ばかりに進むということです。もちろん、お医者さんは大事な仕事です。しかし、受験勉強が優秀だから優秀な医者になれるかというと、それはなかなか難しいところがあります。ところが年々、上位層の医学部偏重は進む一方です。

こうした状況を打開するために、たとえば東大の受験を以下のように改革してみてはどうでしょうか。医学部に進む理Ⅲ以外の理Ⅰ、理Ⅱを高1や高2から受験できるようにするのです。そうすると上位層は迷いますよ。高3で理Ⅲに行くのか、高1や高2で理Ⅰ、理Ⅱに行って研究者になるのか、どうしよう、と。

たとえば、今年（2013年）の理Ⅲ合格者100人中、灘《なだ》高校出身者が27人を占めました。1つの高校が全体の4分の1以上を占めてしまうというのは、やはり異常な状況です。そのかなりの割合が僕の教え子なので、直接話す機会も多いのですが、彼らが全員医学部に行きたいのかというと、どうもそうでもなさそうなんです。

灘では理Ⅲに行かないと友達から優秀ではないとみなされかねないようで、〝とりあえず理Ⅲ〟という状況になっているみたいなんですね。一応理系最難関の理Ⅲに入っておいて、3年生になるときの進振り（東大では3年生進級時に学部学科の選択があり、それを進学振り分け〈進振り〉という）で他の学部に行けばいい、と。

実際に、今度東大3年になったある学生は、理Ⅲから物理学科に行きました。入学後にこういう自由な進路選択ができることが東大のよいところでもあるので、全面的な否定もできませんが、今の全体的な医学部偏重の改善と、理系学科における早期学習の有効性を考えるならば、まず東大が、さらには京大が先のような改革を行なうことには、かなりの実効性があると考えているのですが、どうでしょうか。そもそも、飛び級制度のない先進国って、日本くらいじゃないですか？

文系には人生経験とかいろいろなことが必要なので、たとえば社会経験のない法学者とか法律家がいては困るので今の制度でいいのですが、何よりも理系の優秀な研究者を育成するうえで、今の固定的な受験制度は大問題です。コンピュータの扱いだって、子どもの方が習得が速い場合が多いのですから、理系の上位層の扱い方を真剣に考え直す時期にきていると思います。

今、ようやくゆとり教育が終わったんですけど、基礎学力が平均としてはガタガタに落ちています。こういう状況だからこそ、逆に思い切って全体を見直すにはいい機会だと思っています。

受験勉強に対する適性が低い生徒や、受験勉強とは違う価値観を持った生徒を救うためには、先ほどから言っているようにさまざまな『物差し』の大学を用意してあげる。同時に、上位の、特に理系の上位層が意欲的にどんどん勉強を進められる状況も用意する。そうすれば、もっといい社会になるのではないでしょうか。

『俺は写真がうまいから写真家になる。おまえは受験勉強ができて、理科が得意だから研究者になる』というように、いろいろな人がいろいろな価値観を持って対等に話せるようなイメージの社会です。こういう社会に転換していくのに、今はいいタイミングではないかと考えています」

日本史を必修にすべきである

――今の受験制度で、他に改善を要するとお考えの部分はありますか。

「日本史を必修にすべきだと思っています。日本人を見ていると、先進国で大学に行くような知的水準の人で自国の歴史をこんなに知らない民族っているのかなと思います。海外からの留学生と会うと、彼らが『日本というのは、どういう歴史の国なんだ』と聞いてきます。ところが、『日本史を取ってないから、わからない』と返す人が多いんです。そうなると『なんでキミたちはジャパニーズなのに日本の歴史を知らないんだ？』という話になるんです。

こういうことが起きた理由は簡単で、日本が戦争に負けたからなんです。戦前の日本の歴史教育は、天皇制を神聖視しすぎていたという問題はあっても、全体としては充実していたと思うんです。しかし、戦争に負けたことで戦前に行なわれていたことは全部誤っていたかのように言われるようになってしまいました。でも、戦前のすべてが悪かったわけでも、誤っていたわけでもありません。やはり軍国主義教育というのは、どんな理由であれ、絶対に肯定できません。一方で、自国の歴史をきちんと理解することが、悪いはずがありません。

なのに、戦後は自由主義のもとに日本史をやるのもやらないのも自由ということになった。これは大きな間違いで、自国の歴史をちゃんと知らないようでは、愛国心もプライドも持てない。こういうことを言うと、右傾化だという非難が出てきかねないのですが、そうではなく、ひとりの人間が自信を持って生きていく土台として自国の歴史を深く理解すべきだ、という話です。

だから、日本史は必修化すべきだと思います。もちろん『日本は全部素晴らしい国だ。神の国だ』などというばかげた内容ではなく、過去には過ちもあったということもきちんと伝えながら、正しい歴史認識を育んでいくことが大切なのではないでしょうか。

思考の足場に確固とした歴史認識があるかないかということは、生きていくうえですごく大切なことだと思っています。僕は影響を受けた本は非常に少ないのですが、その1冊に岡崎久彦《おかざきひさひこ》さんの『戦略的思考とは何か』(中公新書)というものがあります。僕が高3のときに出た本なんですけど、これは50回くらい読みました。岡崎さんは明治時代の外務大臣・陸奥宗光《むつむねみつ》の親戚《しんせき》にあたる方なんですが、外務省の官僚であり、初代情報調査局長を務められた方です。この本の中で、『歴史的ビジョン』を持つことの必要性が説かれています。『歴史的ビジョン』を備えているから、物事を正しく判断できる、これはそのとおりだと思います。

僕はずっと歴史が好きだったこともあって、現在というものを考えるときに必ず、どういう過去の延長線の上に現在があるかというように捉えるクセができています。そういった歴史認識がないと、『今』がポツンと浮いた1点になってしまうように感じられるんです。だいたい、ヒストリーとストーリーの語源は同じですから、そういう形で縦のストーリーの中で自己認識ができるかどうかは、人間力の差に直結するように思えてなりません。こう考えているものですから、日本史を高校の教育課程において、もっともっとしっかり教えてほしいと思っているんですよ。

大学教育を受けるような人は文系だろうが理系だろうが、自国の歴史をもっとしっかり頭に入れたうえで海外に出て行ってほしい、そう思っています」

ゆとり教育にするくらいなら、むしろ詰め込み教育のほうがマシ

――今挙げていただいた日本史の問題のように、大学生が押さえておくべき教養を大学に入るまでに学ぶ機会が減っています。この原因には、ここ20年間のゆとり教育の影響によるものが大きいと思います。このゆとり教育自体は、林先生は是としますか、否

としますか。

「否ですね（キッパリ）。完全否定です。詰め込み教育が問題だということで、その否定からゆとり教育は生まれているのだと思いますが、みんなを救おうとして、結局は全体の学力を著しく下げてしまった張本人がゆとり教育だと考えています。

詰め込み教育で問題があるとすれば、むしろ詰め込まないことではないでしょうか。人間の頭はパソコンと違って容量的なパンクを起こさないので、入れてしまえばいいと思うんです。まず、壊れないと思いますよ。どこまで詰め込めるか、やれるまでやったらいいんです。ただし、入らないことに対してのペナルティーはゆるやかにすべきです。頭に入りづらい人に『おまえ、入ってないからダメだぞ』と言うのは、絶対にダメ。しかし、入る人には無制限にどんどん入れていけばいい。知識はあって困ることは、まずないと思います。

教える方が知識はたくさんあると楽しいということを見せつけることも大切でしょうね。しょぼくれた教師を見ていても生徒は勉強する気にはならないと思いますが、教える方がいきいきとしていて『頭の中になんでも入ってるんだよ』と自信満々に語ってこられたら、生徒も『楽しそうだな、俺も入れてみようかな』となりますよ。そういうことが教育においては大事なのであって、詰め込み教育自体は悪くはないと思っています。

20年前とゆとり世代とで生徒の質的な面を比較すると、上位層は変わらないです。むしろ、最新の技術の進歩を自分の武器にできる分、優秀なのではないでしょうか。けれども、2番手グループがいなくなって、下位層が極端に下がっている。つまり、中間層が崩壊している、そういう印象を持っています。

人間の頭を鍛えるためには、わからないことを抱え続けていくということが大事なんです。ゆとり教育がそういうものを考え続けさせるための余裕を与えるものとして機能していればよかったんですけど、そうはならなかった。単に中身を希薄にしてしまったというのが実感です。

わかりにくいものを読ませ、自分で考えさせて放っておくというのは、ものすごく硬いするめを与えるような教育なんです。全然飲み込めないするめがありますよね。でも、ずーっと噛《か》んでいるとだんだんふやけてきて、最後には食べられる。そして食べるためにクチャクチャやることがアゴを鍛えたわけです。ところが今は、口どけのいいなめらかなプリンのようなものばかりを渡すんです。楽に、ツルッと体内に入っていく。しかし、それではアゴの筋肉は鍛えられない。勉強も同じことです。だから、僕は『わからない時間が尊いんだよ』と言い続けてきたんです。

実は『わからない時間の尊さ』が浸透していないのには理由があって、小さい頃《ころ》から保護者が『なんでわからないの？』と怒ってしまうことに原点があると思うんです。子どもが『わからない』と言ったら、本当は、お母さんはにっこり笑って、むしろ褒めてあげるべきなんです。『そう、わからないの。なら、一緒に考えようか』と。そういう時間が貴重なんです。わからないというのは大チャンスで、わからないことを頭に入れておくことは素晴らしいことなんだよと教えてあげるべきなんです。

僕の親父《おやじ》の例を挙げましょう。僕が子どもの頃、親父は僕に夏目漱石《なつめそうせき》が素晴らしいと言うんです。それで、僕が中学生になって漱石を読んだら、『どうだ、わからないだろう』と言い放ったんです（笑）。実際に僕はよくわからなかったんです。だから、もう1回読み直しましたよ。でも、やはりわからなかった。その後も何度も読み直して、高校で少しわかったような気になったんですが、大学で読み直してみたら、やはりわかっていないということがわかった。それで、今に至るまで、何度も漱石の『吾輩《わがはい》は猫である』や『坊っちゃん』を読み直してきたんです。だから、今から考えてみると『わからないだろう』と言われたことがすごくよかったんです」

方法論を築くことが大事だ

――確かに、わからないことが大事だとは、今の日本の教育ではなかなか教えられないことです。

「もう1つ、今の日本で誰も教えないことがあって、それは方法論が大事だということです。優秀な人間は気づいていたんです。たとえばデカルト。だから、デカルトは『方法序説』を書いたんです。大学時代に友達と話した際に、『デカルトはすごいよなあ。だって、「方法序説」だもん』『だよなあ』といった話になったんです。他の哲学者は、真実はこうだ、愛はこうだ、と書きますよね。ところがデカルトは、そういうことを書く前に、まず真実に至るためにはどういう方法を取るべきなのか、どういう手段や方法で行けばよいのかを考え、それを『方法序説』にまとめたんです。こんな完璧な頭の使い方はないですよね。その中に『困難は分割せよ』とか、有名な言葉がいっぱい出てきます。何十回読み直したかわかりません。間違いなく、僕の基礎になっています。僕が教えている現代文の解法の中にさえ、明らかに『方法序説』から取り入れた点がいくつもありますから。

方法論を築くことが大事だということを、すでにデカルトが教えてくれているのに、なぜそれを生徒に教えないんだろうと思います。正式書名は『理性を正しく導き、学問において真理を探究するための方法の話〔序説〕。加えて、その方法の試みである屈折光学、気象学、幾何学』。自分はこういう方法で真実にたどり着けるということを考えてみた、そういう内容です。こんな素晴らしい先人の知恵を、皆で共有しないのは、もったいないですよ。

こういう話はできる子には通じるけど、できない子には難しいのでは、という指摘はもっともです。しかし『自分がわかるための方法を考えることが大事で、そこに至るまでのわからない時間が尊い。わからないことは決して悪いことではないんだ』という風土があれば、受け止め方も変わってくると思うんです。

哲学者は、一生答えが出ないかもしれない問題を『わからない、わからない』と考え続けるわけです。でも、それが本当の勉強だと思うんですよ。

わかる子を褒めて、わからない子をけなすのではなくて、『わからない闇《やみ》をたくさん抱えて生きていきなさい』というように導いてあげないといけないんです」

――先生は今も、わからないことを常に抱え続けているのですか。

「そう、ラカン（フランスの哲学者）がいまだにいまひとつよくわからないんですよ。訳が悪いせいかもしれないけれど、『エクリ』とかが、どうにも。なんとなくはわかるんですが、完全に理解しているとは言いがたい」

——ですが、予備校講師に求められるものは、簡単に答えを出すことですが。

「そうなんです。我々が教えすぎて、わからせすぎてしまったのは、大いなる反省点だと思っています。僕自身はそれに気づいたから、わからないことを重視する授業に変えてきました。今は教えすぎないようにして、生徒に持ち帰らせて、考えさせるような時間を増やしています」

競争の原理からは逃れられない

——ゆとり教育を文科省が推進した理由には、過酷な競争をなくすということがありました。では、競争自体は善と考えていますか。

「学校現場の人は競争とか勝ち負けを嫌うようですが、現実は悲しいほど競争と勝ち負けでできているのではないでしょうか。視聴率を1パーセントでも多く取るにはとか、本を1冊でも多く売るためにはとか。競争から抜け出そうと思ったら、競争の中で大勝利者になるしかないですよね。大勝利者になれば、もう競争は超越できて、たとえば今で言えばタモリさんとか。あの方は、僕にはもう他人と競争していないように見えます。

僕が東進に入った頃には、現代文の講師は全体で50人くらいいたと思うんです。それが今は3～4人です。僕自身が、毎年誰かがいなくなるという生存競争を経験してきたんです。

自然界の基本システムとして生存競争、自然淘汰《とうた》、適者生存、この3段階は明確にあるんです。"struggle for existence, natural selection, survival of the fittest"。ちなみに、これらは受験の必須熟語ですよね（笑）。この原理から人間だけ逸脱しようとするのはなかなか難しいと思います。

競争が、勝ち負けが、あることを認めたうえで、勝者が敗者に対して手を差し伸べることが大切なんだ、と教えるべきだと思います。そこが人間が動物と違うところなんです。そして負けたからすべてを否定されるというのも、勝ったから何をやってもいいというのも間違いだということも教えるべきだと思います。でも、競争がないとか勝ち負けがないと教えるのは、やはりどうかと思いますね」

――競争において、それを試練と感じる若者も多いかと思うのですが、いかがでしょうか。

「そうなんです。今は競争に参加して負けるんじゃなくて、負けるから競争に参加しない子が増えていることが問題ですよね。人間だけが自然界の掟《おきて》から脱することができるのでしょうか？　とすれば、本来は競争に参加しないと生きていけないはずなんです。そして教育の中で、いいか悪いかではなくて、残念なことかもしれないけれど、本質的に生きるということは競争なんだということを教えていれば、こんなふうに競争に参加しない人が増えたかどうか……。

僕の場合、バラエティ番組のような場にも、勝ち負けの感覚を持ち込むんです。『情熱大陸』で密着取材をされていた際も、撮影スタッフが呆《あき》れていらっしゃいましたね（笑）。いろいろな番組の収録が終わると、彼らがずっと待っているんです。戻ってくると、必ず僕が『今日は勝った』とか『今日は負けた』などと言うものですから、途中から向こうから『今日は勝ったんですか、負けたんですか』と聞いてくるようになりました。

たとえば、いいリアクションができたときは『勝ち』です。今日のコメントは甘かったな～というときは『負け』。番組に覚悟を持って臨むと、やはり勝ったか負けたかという判断になってくると思うんです。まあ、全員がそういう感覚を持たなくてもいいのかもしれませんが、成功している人にはそういう感覚を持っている人が多いですよね。

そういう勝ち負けの感覚が希薄なままにやってうまくいくのであれば、それはそれでいいのかもしれませんが、現実問題として、いつもイスは人の数より少ないんです。イスに座るためには競争があって、座れなかったら負けということになる。それが現実だとしたら、どう考えるかということではないでしょうか」

16～18歳で1つのことに打ち込むのは大切だ

——そんな中で林先生は、ハイティーン（16～18歳）の頃に何か1つのことに打ち込むことの大切さを非常に強く訴えています。

「16歳から18歳というのは、大人になる直前期ですよね。僕は20歳で『大人』になるという感覚は、誰が決めたのかは知らないけれども悪くないと思っています。これだけ社会が複雑になってくると、それに適応するためのルールを覚えるのには、やはり20年くらいかかってしまう。だから、そこまでは『子ども』であって、皆に面倒を見てもらっている時期と考えていいかと。

生物学的にも人間は、他の動物に比べて生理的早産だと言われています。他の動物は、たとえばヒヨコは孵化《ふか》後すぐに自立してエサをついばみますし、馬だってその日に立って歩く。なぜなら、そうじゃないと敵に襲われて生きていけないからです。一方で、人間の子どもは産まれてから相当長い期間、自力では歩けません。そういうことを可能にしているのは、社会全体が子どもを受け止める『バスケット』になっているからです。

そうやって、他の動物よりもじっくりと時間をかけて『大人』になる人間にとって、18歳というのは、単純計算すれば9割『大人』になっていなければならない時期ですよね？　そんな時期に、どのくらい1つのことに打ち込んで結果を出せるか。あるいは、先に述べたように、結果はともかくも、自分が1つのことにどれくらい打ち込める人間なのかということに関しての、自信を得るための制度の1つとして受験がある、と僕は考えているんです。

もちろん、受験勉強でなくても他に打ち込むことがあるのだったらいいんです。『俺は大学受験はしないよ。いきなりプロ野球に入るよ』という選択があってもいい。

阪神《はんしん》の藤浪晋太郎《ふじなみしんたろう》投手とか日本ハムの大谷翔平《おおたにしょうへい》投手は高卒1年目のルーキー（当時）ですけど、彼らの方が普通の受験生よりも大人びていますよね。やはり1つのことに打ち込むだけでなく、お金までもらって勝負するという生き方をしていると、人は成長するんです。藤浪君はとても19歳には見えませんからねえ（苦笑）。大谷君も顔はかわいいけれど、普通の大学1年の男の子に比べると遥《はる》かに精神年齢が高い気がします。

逆に、受験勉強でなくてもいいのですが、何か1つのことに打ち込まないと非常に骨がない、基礎が欠けた人間になる危険性がある。個人差があって成長の遅い人もいるのでなんとも言えない部分がありますけれども、ともかく16〜18歳の時期の過ごし方というのがとても大事だと思います。

僕は野球が好きなのですぐに野球にたとえるんですけれども、フィギュアスケートの浅田真央《あさだまお》ちゃんだって大人っぽいですよね。スポーツというのはわかりやすいからいいんです、勝ち負けとか目標設定とかが。でも、勉強というのはわかりにくいんです。0・2秒差でこっちが速いとかは出ないですから。だからこそ、試験があるというのは楽じゃないですか。だって試験がないと、いつまでに何をやったらいいかわからないので。目標や締切設定がはっきりしているという点でも、受験は存在する価値があると思います」

「おまえは勉強ができる。俺はうまい寿司を握れる」

――受験肯定派の林先生ですが、デメリットはないのでしょうか。

「先にも少し述べたことですが、一番のデメリットは、現在の社会がさまざまな『物差し』を用意していないので、受験の勝者が全人的に優れた存在であるかのような錯覚をして、敗者を社会的に不当に低く評価する傾向が生じていることです。このゆがんだ部分は、社会がたくさんの『物差し』を用意して、それぞれの能力で頑張れる世の中にしていかないと、なかなかなくならないでしょうね。早急な改善が望まれます。『物差し』がたくさんあることで、人々が本当に多様な価値観を持ち、お互いを尊重できるような精神性を育めます。それが大切なんです。『おまえは勉強ができる。俺はうまい寿司を握れる』、そうやって互いに胸を張れるような関係が普通に成り立つようなら、受験のデメリットなんて何もなくなります。しかし、今のままでは、1本の『物差し』のもと、おまえがトップで俺は100番だよという序列だけしかありません。そこは本当に変えていかなくてはならないですよね」

受験勉強をする目的とは何か

――ここまでで受験について大きな観点からお考えを述べていただきましたが、結局のところ、受験勉強は何を身につけるためにやるのでしょうか。

「僕は、『創造』と『解決』、この2つの能力を高めることに尽きると考えています。社会に出ると、理系の場合は特に、いかに新しいものを作り出していけるかという『創造』力が必要です。一方、文系では社会で起きている問題を『解決』する力が求められる場合が多いでしょう（もちろん、文・理ともに両方の要素を求められますが）。受験というのは、それを鍛える基礎練習になる部分が大きいと考えています。

社会に出ると、受験とは違って、答えが1つかどうか、いやそれ以前に答えがあるかどうかもわからない『問題』を解かねばなりません。それでも、受験という答えのある問題を解く練習をする中で、答えのない問題を解ける基礎ができる部分もあるのです。

皆さんが受験を通じて、さらに大学での勉強を通じてこの意識を持っていないと、勉強のための勉強で終わってしまいかねません。

最終的なゴールは『創造』と『解決』です。受験勉強は、あくまでもこのゴールに向かう一過程にすぎないという意識を持ってほしいと思います」

第2章　林修式・超実践的受験術

結果が出る科目を1つ作れ

――第1章で「受験というものの考え方」についてお話をいただきました。続けて、より詳しく「受験での勝ち方」について伺っていきたいと思います。まず、林先生は、人生全体で、何ごとでもともかく1つ勝てるところを見つけろとおっしゃっています。

「1つ勝てる場所があると思っている人間には、ゆとりが生じます。人生は勝ったり負けたりですが、そんな中で常に勝てるものを持っていると、ゆとりを持って他では負けることもできますし、生きやすさがまったく違いますから。

そして、勝てるものを見つけるために、たくさんチャレンジをしていっぱい負けることがあってもいいと思っています。でも、それは理想であり、バブル期の発想でもあります。バブルの時代というのは、いわば果物が豊かに実った森の中にいたようなものでした。どの方向に行っても、まず餓《う》え死にしなかった。

ところが今は時代が変わって砂漠にいるようなもので、道を間違ってオアシスにたどり着けないと生きていけないかもしれない。だから、今の時代を生きる若者に、負けてもいいからいろいろんな方法でチャレンジしろとは、ちょっと言いにくいんです。時代状況は厳しく、一度の失敗ですべてが終わってしまうようなことさえありますから。

しかし、『若い頃の失敗は失敗ではない』、本当はそう言いたいのです。若いからこそ失敗しても許される幅が広いのも事実なので、いろいろなチャレンジをして、時には負ける中で、ここなら絶対勝てるという場所を見つけてほしいという思いは、やはり否定できません」

——それは受験にあてはめると、好きな科目を何か1つ作れということでしょうか。

「好きというよりは、結果が出る科目ですね。まず結果が出る科目で勝てるようになることが大事です。結果が出ると自信になりますし、やはり1科目も自信が持てないとつらいですよ。不得意なものは不得意なくらいですから、伸びにくいんです。実は、全科目を完璧に仕上げなければ受からないという大学は、案外少ないんです。多少、不得意な科目があっても、1科目入試でもない限り、取れるところを取れば受かるんです。勉強はとにかく得意科目優先でいいと思います」

一芸入試やAO入試にはあまり賛成できない

――何か得意なものを持っているという生徒を入学させたいという観点からか、学力検査以外の一芸入試やAO入試などを行なう大学が増えています。

「まず、一芸入試に関しては、あまり賛成できませんね。そもそも、大学ってそういう場所なんですか？ だったら大学の看板を下ろして、一芸を持っている人の養成所にするべきですよ。大学とはやっぱり学問の場なのではないでしょうか。一芸ができるから学問もできるとは思えない。選抜基準そのものとしては否定しません。しかし大学の選抜基準としては、どうなんでしょうかね。

AO入試も、欧米のようなシステムでは向いていると思いますが、入学した学生を全員卒業させようとする今の日本の教育システムにおいては、賛成しかねます。試験をやるべきです。現実には自己推薦書を、周囲の大人が作ってしまうようなことも起きていて、AOで入学してきた学生は成績が悪い場合が多いんですよ。大学の先生に聞けばわかると思います。

この手の入試改革といわれるものは、生徒のことを考えてというよりも、少子化の中で私学が生き残りをかけてやっているという面が強いのではないでしょうか？

小論文と面接で合否を決めるＡＯ入試を導入した大学の関係者に聞いた話なのですが、初年度はいろんな答案が出てきて面白かったんだそうです。ところが2年目、3年目になると、予備校がこういうふうに書けというマニュアルを作ってしまって、同じような答案ばかりが出てきて、非常につまらなくなった。予備校の指導力は見事だが、あれでは小論文の意味がない、と。

それに対して、僕はこう言ったんです。『そんな８００とか１２００の字数ならば、予備校側もこう書けばいいというテクニックを伝えられますよ。「小論文」などという科目で判断するから、中途半端な試験になるんです。本当の論文を課してその場で10時間とか与えて、原稿用紙20枚とか25枚書けと言えば、我々予備校は手が打てませんよ』と。

しかし、大学側は採点や評価が大変だからか、そういうことはしません。とすれば、大学側にも問題があるんです。本気で個性的な生徒が欲しいのだったら、８００字や１２００字ではなく、20枚も30枚も書かせればいいんです。それだけの文字数であれば、受験生が本当に物事をしっかり捉え、それを表現できる人物であるかどうか、明確に判断できると思います。

現時点では、東大はＡＯ入試を採用していません。京大もそうです。ＡＯ入試で、たとえばボランティアをしてきたかどうかといったことを判断基準にすること自体は悪くないのですが、ＡＯ入試を本当に意味のあるものにするならば、先にも述べたように、欧米のように、出口を締めなければならないのでは、と考えています。

現実の日本の大学においては、『１００人入れたら１００人卒業させなさい』という強い圧力が働いています。この点を改めずにＡＯ入試を導入すると、ただ枠を広げただけということになりかねません。さらには、大学でも十分勉強しないまま、学歴だけ与えて社会に送り出す（押し出す？）ことにもなりかねないんです」

――受験生側からしますと、時期的に一般入試よりも早く合格がもらえるので「つらい状態から逃げてしまいたい」という気持ちもあって応募するのかと思います。そこは理解できなくもないのですが。

「長い人生で３ヵ月とか半年の時間を待てないというのは困りますよね。もっともっと長い時間をかけてやらなくてはならないことが、世の中にはたくさんあるのですから」

浪人を勧めない理由

――では、どうしても行きたい大学には、妥協せずに多浪してでも行くべきでしょうか。

「基本的には僕は反対です。医学部以外は。社会に出るのが1年遅れるということは、人生の働き盛りの1年や、キャリア最後の重要な1年を削ることになるんです。受験生はそれが見えないんです。たとえば、官僚だったら、1年後輩になるかどうかですべてが変わってきます。ただでさえ優秀なライバルに対して、1年遅れてしまえば、勝負は非常に厳しくなります。2年以上ならなおさらです。だから浪人、特に多浪はできるだけしない方がいいのです。

働き盛りの一番給料の多いところの1年を失うことになるというお金の問題、それから回ってくるチャンスの問題。会社だって、残りが5年の人と7年の人とではチャンスの与え方も変わってくるでしょう。そこまで視野に入れて、浪人をするかしないか考えるべきなんですが、10代の若者にはピンとこない話ですよね。

でも、ここで挙げたようなことを考えると、1つ下のランクの大学に行って、そこで猛烈に勉強をして、大学名に頼らない人生を切り開くことを考えた方がいいのではないだろうか、そう思うんですよ。

しかし、多浪してでも東大に入ってよかったと言う人もいるから、一概には言えないんですがね。予備校講師の中には『1浪くらいは大丈夫だ』、むしろ『浪人してよかった』と言う人が多いんです。特に自身が浪人を経験しているとそういう傾向が強い。『俺は1年浪人したことによって、ちゃんと勉強に向き合えた』と。

でも、それは予備校講師のように働き盛りの1年がそれほど問題にならない仕事をしているから言えるのであって、世の中には先に挙げた官僚のように、1年の遅れが致命傷になる仕事もあるのですから、僕は浪人してもいいとはどうしても言えませんね」

なぜ、本気でやって成績が上がらないのか

——本気でやって成績が上がらない場合は、何が原因なんでしょうか。

「一番多いのは、単純に量不足です。進学校の生徒は、外部の生徒から見るとびっくりするくらい勉強をやっています。一方で、周囲のレベルがあまり高くなくて、知らず知

らずのうちに低い基準で判断していると、『俺はこんなにやっているんだ』と思ってしまうんです。ところが、その量自体が、実はそれほど多くないという場合が断然多いです。

さらに、今の日本の学校システムにおける問題点もあります。それは、生徒が理解していようがいまいが、とにかく一律に学年を上げていってしまうということです。そうすると、確かにその学年でやっていることに対しては、ものすごい量をやって頑張っているかもしれないけれども、そこまでの基礎ができていなければ、その頑張りは積み上がっていかず、結果にも表れないということが、往々にして起きます。本当は問題が起きているところまで戻って、そこから量を積み上げていかねばならないんですが、今の制度ではそれがしづらいんです。

そして、よく言われることですが、勉強というものは今日頑張ったからすぐ明日からできるようになるものではありません。成果はかなりたってから出てくるのが普通です。それで、成果の表れが遅いことに焦る生徒も出てくるわけですが、それを本人が見極めるのはなかなか困難です。

整理しましょう。

まず、本人はやっているつもりでも、実は単純に量が足りない場合があります。そして、仮に量的には十分であっても、その基礎が抜けていて、実は身になっていないという場合もあります。さらに、単に成果が出るのに時間がかかっているだけという場合もあります。こういう見極めを、本来なら教師側が行なわなければならないということになるでしょうね。

ただ、日本の教育は団体教育ですから、学校の先生がそこまでしなければならないというのは、あまりにも過酷な要求だと思うんです。生徒から個別的に相談があればそれには応《こた》えなければならないでしょうが、学校の先生は、まずはクラスという団体を相手にきちんと授業を行なえば、責務を果たしているといってよいと思います。

理想は、クラス全員ができるようになることです。それは当然です。しかし、現実には難しい。それぞれ、生徒個人に適性の差がありますから。だから、システムを変えて、達成度に応じて科目別進級を認めるような方策が望ましいんです。

たとえば一番効果が大きそうな算数の場合だと、中学入学時に小学校3年生まで終わっているクラス、4年生まで、5年生まで、6年生まで……というようなクラスを組むとか。確かに効果は上がり、それぞれがよく理解できるはずなんですが、実際にはクラスの編成が大変でしょうね」

面接が必要な学部とは？

――受験科目の中に面接を組み込む大学もあります。ペーパー試験と違って、人格も評価の対象とされます。これは必要なのでしょうか。

「学部によりますね。たとえば医学部の場合には、面接すべきだと思うんです。しかも、できれば1回ではなく何回も。お医者さんには人間的にも信頼できるという人になってほしいですからね。なにしろ、人の命を扱う仕事ですから。1回の面接では、ごまかしがきくかもしれませんが、複数回やって面接官も替えれば、より正しい判断が可能になると思います。

でも、それ以外は、今の面接は形式的にやっている場合が多いので、本当に意味があるかどうかは疑問ですね。ならば、試験だけで決めた方が、かえって公平だということも起きうると思うんです。

あとは合格枠の問題です。9割を試験で取って、1割を面接で取るとか。そういう多様な判断軸として残すこと自体には異論はありません」

国立の難関大学では良問が多い

――落ちた生徒の言い訳として、「試験の問題自体が悪いからだ」という声も出ます。そういう面はあるのでしょうか。要するに、今の受験の問題は適切なものなのでしょうか。

「現代文でいうと、たとえば2013年センター試験の第1問（小林秀雄《こばやしひでお》氏の評論）は講師の間でも議論になりました。確かに、かつて丸谷才一《まるやさいいち》氏が『入試に出すべきではない』と言った小林氏の文章であっただけに、近年ほどには適切な問題ではないという指摘は妥当かもしれません。しかし、上位の生徒の点数は、意外に下がっていないんです。つまり、本当にしっかり対策をしていた生徒には、さほど影響が出なかったんです。その一方で、中・下位の生徒には大きな影響が出ました。

実は過去にも同じようなことが起きた年があるんです。1998年です。15年に1回ですね。ただ、現代文の良問を作るのは本当に難しいので、この頻度なら仕方がないのでは、とも思ってしまいます。作成者目線だという非難を受けそうですが。一方で、2007年から2011年の5年間の問題は、本当によく作られていますよ。

東大の問題は、最近、特に２００９年以降は解き易い問題が多いです。基礎ができている生徒にとっては難なくできるレベルです。特に２０１３年は易しくて、開示点数には驚くほどよい数字が並んでいました。

一般的に国公立大学の入試問題は、これができれば優秀だと判断する基準、十分条件とまでは言えないものの、このくらいは最低限できてほしいという基準、つまり必要条件として考えると、良質なものが多いです。

これに対して私立大学の問題は、良問がある一方で、もう少し選抜基準としての妥当性を備えているものに改善すべきでは、と言いたくなるものもあります。現代文という科目は、筆者が言っていることを正しく理解しているかどうかを問う科目です。そして筆者は、ワン・パラグラフ（文の一節）でそんなにたくさんのことを伝えないんです。だからセンター試験も国公立大学の問題も、基本的に設問数が少ないんです。しかし、私立大学の中にはかなり多くの問題を設置する大学もあります。話の本筋ではないことを問うような問題も見受けられるので、改善してほしいな、と思うこともあります」

――今のお話を整理しますと、国立の難関大学ではいい問題が多い、と。

「そうですね。それに、国公立大の多くが、複数の記述問題を受験生に課します。たとえば5つの問題を用意して、それぞれ80字とか100字で書かせます。そうすると、全体で見たときに、生徒の理解力を判断することは比較的容易なんですよ」

――採点者の側からすると、記述の解答を見れば受験生の力量はわかる、と。

「そうです。たとえて言えば、バスケットの中にトータルでだいたい何個くらいのりんごが入っているのか、つまり、この生徒は6個入っている、この生徒は8個入っている、そういう判断はできます。もっとも、1つ1つのリンゴには大小もありますから、完全な能力測定は無理だとしても、ある程度はわかるということです。

実際、書かせてみると、本当に生徒の力がよくわかります。60、80、100、120字といった問題を何問も書いたら、なかなかごまかしはきかないんですよ。

私立大学の場合は選択問題が中心なので、勘で選んだ答えが合っているようなことも起きます。ですから、記述問題による判定ほどの正確さはないと言わざるを得ません。採点は大変でしょうが、やはりなるべく記述問題で判定してほしいなとは思います」

――記述問題のメリットはわかりました。一方で、主に国公立大向けのセンター試験は記号での解答です。この問題は適切なものと考えていいのでしょうか。

「確かに選択方式ですが、センター試験はおおむねいい問題ですよ。『?』と言いたくなるような問題がまったくないとは言いませんが、全体的にはうまく作られています。そりゃそうですよ。何しろ一番多くの受験生が受ける試験なんですから、吟味に吟味を重ねて作ってあるんです。選択問題ではありますが、問題が良質なことで、生徒の国語力を測るのに適切な素材になっています。特に、この問題ができないようでは力がないと判断する、必要条件としては最高の素材です。だから、生徒にもセンター試験の過去問をしっかりやるようにしつこく言っています。

さらに、センター試験は、現代文の基礎力養成にも適した素材です。つまり、選択肢を見ないで答えを記述していくという方法を取ることで、基礎作りができるのです。それで僕は、センター試験の過去問を授業で用いる際には、通常の選択肢の解答と合わせて、『選択肢を見ないで答えを書いたらこうなります』という記述想定解答も、必ず配るようにしているんです。センター試験の過去問をやらないで、問題集や参考書に取り組むような勉強法は、少なくとも現代文に関してはあまり薦められませんね」

「ドラえもん問題」は入試として適切か

——日本の入試問題は記憶力を問う問題が多いといわれます。

「そうですか？　現代文は記憶力で対応するのは、難しいですよ」

——そうですね。そういう中にあって、「ドラえもん問題」といわれる問題が２０１３年の麻布《あざぶ》中学の入試で出て話題になりました。問題は「99年後に誕生する予定のネコ型ロボット『ドラえもん』。この『ドラえもん』が優れた技術で作られていても、生物として認められることはありません。それはなぜですか。理由を答えなさい」というものでした。

「有名ですよね」

——こういう記憶力だけに頼らない奇抜な問題は、たくさん出題された方がいいのでしょうか。

「要は、比率だと思うんです。こういう問題ばかりが出されるのであれば問題です。『普通』の問題がたくさんある中で、一部にこれが入っているのであれば、まったく問題はないでしょう。しかもこういう問題を出すことで、学校側が独自の教育方針を示すことにも役立っていますし。

いろいろ騒がれましたが、こういう問題だけを出しているわけではありませんからね。これ以外のところがちゃんとできていたら、たぶん受かるようになっているはずです。上位の生徒は、この『ドラえもん問題』に関係なく受かっているはずです。

この問題が合否に影響してくるのはボーダーライン上の生徒でしょう。そういう生徒たちについて、ちょっとユニークな発想を持っているかを見る道具に使っているということだと思うんです。そういう全体構造を理解しないで、この問題だけを取り上げてどうこう言っても、あまり意味のあることだとは思えませんね。

大学入試で言えば、小論文と同じ役割を果たしているといってよいかと思います。ボーダーライン上の生徒の合否の判断に、小論文を用いるという大学はありますから。この問題も、その位置づけで見るべきものかと思います」

――逆に言うと、受験生の立場からすると、このような問題ばかりを気にして解く必要はないということですか？

「そういうことです。突拍子もないことを生み出す頭というのはどういうものかと言いますと、実は突拍子もないことだけを考えている頭ではなくて、基礎的なことをしっかり入れている頭なんです。そういう頭から、ときおりすごいアイデアが突然変異的に浮かんでくるということが多いんです。となると、いわゆる『基礎』といわれていることをきちんと固めることが一番大切なことなんです。『基礎』がしっかりしているから創造力が乏しくなるなんてことはありえません。逆に、ちゃんとしたベースがあるからこそ創造も可能になるんです」

上位層が常に受かる日本の入試は公平だ

――先生は日本の受験は公平だとおっしゃっています。その点をお伺いします。

「公平だとは思いませんか？　階級差別もなければ、写真審査もないんです。答案として書いたものだけで判断してくれるわけです。こんなに公平なものはないですよね。

そして、たとえば、東大に上位で受かるような力を持つ生徒が早稲田を受けると100パーセント通るというのはどういうことか。それは公正だからです。東大に上位で受かるような生徒が早稲田や上智《じょうち》を受けて落ちるとなると、どういう判断基準で選んでいるのかという疑問が生まれるけれども、本当に力がある生徒だったら下の方の大学は全部受かる。そしてこのことからわかるのは、ある程度の公正さが担保されているということです。これが階級社会だったりすると、国立の東大は受かるけれども私立の早稲田は落ちるということがありえますよね。でも、現実にはそういうことは、あまり起きない。

一方、ボーダーライン上にいる生徒は、試験をやるたびに合否が変わります。いわゆる出た問題による『当たり外れ』ですね。でも、上位から3分の2の層が何回やっても合格する、そういう試験であれば信頼していいと思います。ここがコロコロ変わる試験だと『物差し』として大丈夫か？　ということになりますが。

特に国公立大学は科目数が多く、1本の『物差し』で測るわけではない。たとえば数学だけで測るとそのときのコンディションで大きく変わったりするけれども、あれだけの科目を用意して、全部受けてくださいという方式でやっているのですから、少なくとも準備がしっかりできている生徒は間違いなく受かります。そう考えると、かなり公正なシステムだといってよいのではないでしょうか」

都会と地方で受験環境に差はあるか

――公平かどうかという観点から考えて、都会と地方の受験環境の格差についてご意見を伺わせていただけますか。昔はものすごく大きかったと思いますが、今はどのような感じでしょうか。

「いまだに大きいです。率直に言って、都会の進学校にいるだけで受かりやすいですよ。これには2つのポイントが挙げられます。

1つは、結局、受験生は誰から学ぶかというと、先生から学ぶ部分ももちろん大きいのですが、それ以上に周囲の仲間から学ぶことが大きいという事情があります。進学校と呼ばれる学校では、飛び抜けてできる生徒が2~3人いて、彼らが残りの生徒を引き離してしまうケースが多いんです。それを周囲の生徒が必死に追いかけるんです。世の中には自分よりも上がいるということを認識しつつ、自分の力で、自分のポジションで志望を叶《かな》えるにはどうすればよいかを考えるんです。横を見つつ、自分のやるべきことを見出していくのです。横には仲間が多数いますから、参考材料は多数あります。直接聞いてみることもできるでしょう。こういうことが容易にできるのが、都会の進学校なんです。

ところが地方だとまず、競い合う仲間が少ない。どうしても街の規模自体が小さいですから、そのことに単純比例して優秀なライバルの数が少なくなってしまいます。

さらに都会の方が、教育熱心な家庭の割合が、率的に高いのも事実です。そうした点でも、地方では切磋琢磨《せっさたくま》が困難になります。

そういうことがいろいろ重なって、中学、高校を通じて、これくらいやるのは当たり前という基準が変わってきてしまうんです。つまり、大都市の進学校でたくさんの優秀な仲間を見て『俺もまだまだだな』と思いながら育つのと、地方にいて、周りに優秀な仲間が少ないことで『自分はすごい勉強をしてるぞ』と思い、お山の大将状態で育つのとでは、勉強するということの基準が大きく違ってきてしまうということなんです」

――林先生が地方で公開授業などをされる際に、そこの地域の生徒さんに伝える言葉はありますか。

「まず、『地方出身だからといって大学側がそのあたりで何か配慮してくれるわけではない。見える範囲で競争していてもしょうがない。見えないライバルと戦いなさい』と話します。そのうえで、『優秀な人間は環境に不満を言わない』とも言います。なんで俺はこんな田舎《いなか》にいるんだということを嘆いてもしょうがない。実際にいるんですから。そんな愚痴や不満を言っている間に、できることを黙ってやっていく人が、どこにいても成功できる人ですから。

そんな中で東進の映像授業は、全国の授業のクオリティの均一化、高度化に貢献していますね。

やはり人にものを教えるのが本当にうまい人は、実はかなり少ないんです。各地方に教えるのがうまい人がいて、その人が全科目教えていくというのが理想ですが、現実的には難しい。だとしたら、厳選された人たちが発達したメディアを利用して、高い水準の教育を、地域差を超えて発信していくことには、大きな意味があると思います。そういった意味で、東進の映像授業は、やり方として間違ってないと思います。持ち上げるわけではないのですが、東進の永瀬《ながせ》昭幸《あきゆき》社長は先見の明がありました」

イメージ化、再イメージ化のために、本を読もう

――受験生が能力を高めるためには歴史の本を読むべきだとおっしゃっていますが。

「やっぱりいくら時代が変わって技術が進歩したとしても、活字で書かれたものを頭の中にイメージとして広げるということは、今のところ不可欠のように思うんです。

ここで僕が『今のところ』という条件をつけたのは、もっといろいろな技術が進んでいって、イメージ化が脳の外部で行なわれる可能性があるからです。人間の進化の歴史が『外部化』の歴史であるとは、科学史の大家《たいか》である村上陽一郎《むらかみよういちろう》先生が書かれていたことです。

たとえば昔は人間は自分の足で移動しなければならなかったのに、自動車を発明して、移動という行為を人間の外に放り出したわけです。電子計算機もそうです。計算を頭の中でやっていたのに、それを外に放り出した。今、イメージ化は人間の頭の中でやっていますが、将来的には外に出してしまうかもしれない。そうなれば、活字を見てイメージ化する能力は必要なくなるかもしれない。だから『今のところ』という条件をつけたんです。

そして、問題は人間が行為をどんどん外部化していくと、それはその分やるべきことに集中できる状態なのか、それとも空洞化を伴うのかということです。実際、計算機が普及したことによって計算できない人が増えている。あるいは、カーナビが発達したことによって、昔ほど道を覚えなくなった。このように、『外部化』は空洞化を伴うケースも多いんです。

そうしたことはいったん措《お》きましょう。少なくとも現時点においては、イメージ化、そして頭に浮かんだイメージをさらに連結、離合集散、再配置するといった再イメージ化の訓練は読書でしかできないとまでは言いませんが、やはり読書が一番だと思うのです。

再イメージ化とは、たとえば桶狭間《おけはざま》の戦いと本能寺《ほんのうじ》の変において、桶狭間の戦いは『勝ち・織田信長《おだのぶなが》、負け・今川義元《いまがわよしもと》』、本能寺の変は『勝ち・明智光秀《あけちみつひで》、負け・織田信長』です。この中で織田信長は2回出てきますが、敗者という概念でくくると、今度は桶狭間の戦いでは敵同士だった信長と今川義元が1つのグループに入るわけです。これが『再イメージ化』です。さまざまな概念を頭の中でもう一度組み立て直すこと、そんなふうに理解してもらえれば、と思います。

ここでさらに、『敗者』というグループを拡大してみましょう。そうすると今度は関《せき》ヶ原《はら》の戦いの石田三成《いしだみつなり》や、江戸時代の大塩平八郎《おおしおへいはちろう》も加わってきます。メンバーが増えれば、共通点や相違点など、いろいろなことが考えられるようにもなります。また、戦国大名という概念を基準としてグループ分けすれば、別のメンバーが集まってきて、別のイメージを作ることも可能です。

こんなふうに、読書を出発点として、頭の中に無限にイメージの世界を広げていくことができるのです。本を読むことは、こうやって一種の『概念ゲーム』に参加することを可能にしてくれるのです。

しかもビジュアル的なイメージをまったく与えられていないことで、概念がくっついたり離れたりするフィールドを全部自分で用意してやらないといけないんです。こういうゲーム、つまりはある種の訓練を小さな頃からやってきた頭とやってこなかった頭との差は、かなり大きいと思っています。科学的な根拠があるわけではないのですが、その差は想像以上に大きいのではないでしょうか」

——イメージ化や再イメージ化という点に関して、若者が好きな漫画やゲームではどうでしょうか。

「たとえば漫画では最初からイメージが与えられてしまっているので、最初の大切なステップが省略されています。ただ、そうは言っても漫画も今は非常に優れたものもあるので、僕は全面的には否定しません。それでも、省略されたワンステップの持つ意味は大きいのですが。

ゲームでは、そもそものイメージ化と、その中での『これが敵で、これが味方で』というさらなるイメージ化が最初からプログラム化されているので、ツーステップ飛ばしてしまっているように思われます。だから僕は、漫画はまだしもゲームはあまり推奨しないんです。一応ロールプレイング的なことで頭を使うというものもありますが、少なくとも本、漫画、ゲームを並べたときに、相対的に頭を使う度合いは順番に下がっていくのは否定できません」

僕は孔明《こうめい》タイプだ

――先生は小さな頃から歴史の本を読まれるのが好きだったんですね。

「そうですね。そうすることで世界が広がっていったんです。会ったこともない、会えるはずもない、歴史上の人物たちが、自分の中のイメージの世界で暴れまくるんです。楽しくないはずがありません。

その点で僕が男の子に読んでもらいたいのが、『三国志』や『水滸伝《すいこでん》』といった中国の英雄たちの話です。これらの作品を読むと、不思議なことに好きな人物や嫌いな人物が出てくる。そして『自分は誰に近いかな』という人物も見つかるんですよ。それが歴史の本を読むことの面白さの1つなんです。

実は、司馬遼太郎《しばりようたろう》さんの『項羽と劉邦《こううりゆうほう》』が、かつてセンター試験で出されたことがあるんです。どんな内容だったのかと言えば、韓信《かんしん》が処刑される前後の状況を描いた場面でした。そこでは人間の器に関する問答が行なわれていまして。軍人としては天才と言ってよい韓信が、劉邦に対して『あなたは兵に将たる器ではないけれども、将に将たる器だ。つまり、兵隊を束ねるポジションには向いていないが、兵隊を束ねている将軍を束ねる器である』と言ったんです。

こういう文章を読んでいると、無数と言ってよいほどの登場人物と自分とを比較しながら、自分はどんなタイプなんだろうかと自然に考えるようになります。『三国志』であれば、ちょっと短慮な張飛《ちようひ》タイプかなとか、あるいは忠義に厚くて頑張れる関羽《かんう》タイプかな、とか。タイプがわかれば、次には社会的なポジションをシミュレーションすることだって可能です。どういうことかと言えば、たとえば僕自身は、自分が一番近いのは諸葛亮《しよかつりよう》孔明ではないか、となんとなく思ってきたんです（過剰な自己評価だというご批判は覚悟のうえです）。つまり、参謀タイプで、陰で作戦を練ったりするのは得意なんですが、人の上に立つのはどうなんだろうか、と。こんなふうに、歴史に触れることによって自己認識に至ることもできます。

こうしたことは時代や場所を移しても、無限にできます。たとえば幕末期だったら自分は高杉晋作《たかすぎしんさく》だなとか、いや大久保利通《おおくぼとしみち》タイプじゃないかな、などといった感じです。

こんなふうに、人間の自己認識は、歴史物とか伝記を読むうちに育まれることも多いのです。さらに、自己認識ができるということは他者認識ができるということでもあるので、人を見たときに『この人は歴史上のあのタイプに近いな』とか『偉そうなことを言っているけど、意外と軽いあのタイプだな』といった形で他者理解の能力を高めるのにも役に立つのです。

もちろん、現実の人物が歴史上の人物とまったく同じであるはずがないし、そういう既存のキャラを当てはめすぎて、逆に認識間違いを起こしてはならないのですが、それでも自己を認識し、さらには他者を認識する能力を高めてくれる効用は否定できません。

僕たちの世代はみんなそういう感じで、昔はよく『おまえは孔明タイプだよな』などと話していたのに、今の若者がそういう話をするのをあまり聞いたことがないのは、やはり少し物足りないものを感じます」

なぜ人は学歴を気にするのか

――話を戻しまして、学歴とはなんでしょうか。要するに、みんな学歴をものすごく気にするということなのですが。なぜ人は学歴を気にするものなのでしょうか。

「学歴とは、本来、どの大学を卒業したのかを示す指標なのですが、先にも述べたように、大学に入学できればほぼ自動的に卒業できる日本においては、結局、どの大学に入学したのかを表す指標となっています。極論すれば、どの程度受験で頑張ったのかを示す記号なのです。推薦入試等もあるにはありますが、一般的には『学歴＝受験力』という構造になっているかと思います。

学歴がこのようなものであるとすれば、少なくとも、決められた範囲のことをどのレベルでやったかということの証明書にはなりえます。ただ、その『決められたこと』が本当に意味のあることかどうかは怪しいのですが。たとえば、英語の場合、単語を知っているか、英作文が書けるか、in（　　）of の空所にfrontと補充できるかなんて、長い人生から見ればそれほどの大事とは言えませんよね。

しかし、大学によって違いはあっても、入試の出題範囲はそれほど狭くはなく、頭に入れなければならない情報量も相当あるのが普通です。特に、いわゆる難関と言われている大学になればなるほど、要求される情報量は増えます。漫然とやっていたら頭に入れることはとても困難で、通常の場合、やはり自分なりに工夫して、やりたいことも犠牲にしつつ、地道に勉強するしかないのです。ということは、難関大学の入試に受かった生徒は、そういうことをしっかりやってきたということを、一応証明しています。そういうことを全然やってない人とやってきた人を、たとえば、就職活動の際に、企業は適切に見分けられますか？」

——外見だけだとわからないですね。

「そうですよね。企業が学歴で人を採ることは、実は他者の基準に頼っているということなんです。本当に自力で人を見抜く目があれば、学歴など気にせずに、この学生は優秀だが、こちらの学生はいまひとつだ、と判断をすればいい。実際にそうしている企業もあります。しかし、現実にはなかなか難しい。だから、学歴は、ある決められたことを、ある水準で仕上げることができた『忍耐力』の証明書として、企業が学生を選ぶ基準として採用されている、ということだと思うんです。実際、そういう力は、社会に出てからも必要な力であることは間違いありませんからね。

ですが、本当はそれだけのものなのに、学歴が過大な扱いを受けて、あたかもその人間の能力そのものであるかのように理解されている点があるのは、よくないことだなあ、と常々感じています」

——では、日本最難関の東大法学部卒という学歴をお持ちの林先生ですが、よかったこと、そうでないことは。

「よかったことの1つは、いつのまにか〝当たり前〟の水準が上がったことです。第1章の『受験まで1ヵ月の時点でのメッセージ』の部分とも重なりますが、受験勉強を通して、自分よりもっとやっている仲間をたくさん見るうちに、自分のやっていることなんかたいしたことないんだと、いい意味での『感覚のインフレ』が起きて、やって当然という水準が自然に上がってしまったんです。これは大きいと思いますよ。よく東大生が『自分はそんなに勉強しなかった』と話すのは、気持ち的にはウソではないんです。

さらに、日本で大学に行くのなら、東大以外はなかったという人たちに会えたことも大きいですね。彼らに会えて、彼らに引き離されたくないと思ったからこそ、僕もずっと走ってこられたんだと思うんです。彼らに会っていなかったら、ここまで頑張れなかったとも思います。大学でほとんど勉強をしなかった僕ですが、こういう点が東大に行ってよかったなと思うことです。

実はそういう人物のひとりに、先日、25年ぶりに同期会で再会したんです。会ってしばらく話しているうちに、わかりました。僕は、彼の背中をずっと追いかけてきたんだな、と。しかも、彼はそのことにまったく気づいていないと思うんです。でも、それでいい。ライバルへの思いは片思いでいいんです。

そのときね、他の同期の人が、僕に向かって『おまえ、本当にすごいよなあ、同期の出世頭だ』と言ってくれたんです。それで僕は『いや、確かに今はそうかもしれないけれど、何年か経《た》ったら、○○のほうがずっと上にいると思うよ』と、彼の名を挙げたんです。そうしたら、その場にいた全員が『それは、そうだな』とうなずいたんです。それを見て、僕は思いましたね。これからも彼に引き離されないように、もっともっと頑張らなければならないな、と。そんな思いを抱かせてくれる仲間に出会えた場所が、僕にとっての東大であり、それが価値でもあります」

――一方で、マイナス点はありましたでしょうか。

「う〜ん、特にありません。人は過去を今の色に染めるものですから。おかげさまで僕は今、割合いい状態なので、過去について負のイメージを抱きにくい状況になっています。つまり、悪い思い出がほとんどないんです。逆に、人は今が悪いと、過去のことまでぐちゃぐちゃ言い出したりします。

そんなふうに『人は自らの過去を今の色で染める』ものだと僕は思っているんです。実際、今うまくいっている人は過去のことを笑い話にできますからね」

受験はつらくないと危険だ

――林先生は受験はつらくなかったのですか。

「まったくつらくなかったですね。傲慢《ごうまん》に聞こえたら本当に申しわけないのですが、受験に適性があったんです。ただ、つらくないほうが危険だとも思うんです」

――それはどういうことですか。

「大学入試を楽に突破してしまうと、人生を真剣に考えなくなる、あるいはなめてしまう危険性があるからです。

もちろん、そうならない人もいるのですが、少なくとも僕自身はそうだったんです。大学に入るときに、自分が何をやりたいか、何に向いているかということに向き合わないままに、入ればなんとかなるだろうと思って入ってしまった。それだけでなく、文Iという、主に法学部に進むコースに入ったんですが、3年生になって専門課程に進む際に、もう一度考え直すチャンスはあったんです。それなのに、そこでもろくに考えないまま、法学部に進んでしまった。そして専門の勉強が始まって『よし、真剣に勉強するか（実はそれも他の人に比べるとかなり遅いんですが）』というときになって初めて気づいたんです。『あれ？　自分は法学に向いていない』と。

受験を楽に乗り切ってしまったことで、なんとなくたるんでしまったんですね。真剣に勉強しないまま、真剣に物事に向き合わないまま、専門課程まで進んでしまった。僕を含めて同じクラスにいた現役合格者のかなりの人数が留年したことからも、現役で楽に入ってしまうと、そういう面があるのではないかと思うんです。

もちろん、司法試験などに真剣に取り組んで留年した人と、15日連続合コンとかして、大相撲《おおずもう》かよって感じで遊びまくっていた僕とは一緒にならないとは思います。しかし、浪人して入学した同級生はほとんど留年していないのも事実です。

同期のひとりは、全国模試で何度も上位に入るほど優秀だったのに、現役のときにはなぜか落ちたんです。1年浪人して、何がいけなかったのかをしっかりと見つめ直して、翌年には合格しただけではなく、入学後も真剣に勉強を続け、優秀な成績をおさめて官僚になっていきました。彼は『浪人してなかったらこんなふうにはならなかった』と言っていました。一度ブッ叩《たた》かれたことで、その後の人生に真剣に向き合うようになった、そういうことなんだと思います。

もちろん入試がうまくいって、その後もうまくいっている人もいますが、受験があまりにも楽だという人には多少不安を感じます。僕には多少『つらかった』という人の方がよいようにも思われます。もっとも、つらかった受験が終わったから、大学では思い切り遊ぼうとする学生もいますから、一概によいとも言えませんが。

つらいと感じるのは、自分の不得意なこと、できないことに向き合っている証拠でもあります。そして、そういうことを1つずつ乗り越えて結果を出していくという経験自体に価値があると思うんです。もちろん、浪人した方がよいとは口が裂けても言いませんが、受験をあまりにも楽に乗り切ってしまうのもいかがなものかというのは、僕自身の経験から得た結論です。

古い話になりますが、自分はすごく上手に文章が書けると思い込んでいた文学青年たちがみんな大江《おおえ》健三郎《けんざぶろう》に叩きのめされたと聞きます。これは僕の親父から聞いた話なんですが、そういう経験をすることで、ならば、自分はどこなら勝てるんだろうということを真剣に考えるようになるんです。

ちゃんと戦って、しっかり負ける。このことは実は尊いことです。戦わなければ負けもしないのですが、自分と向き合うことにはつながりません。これが健全なことなんでしょうか？

先に述べたように、今は競争に参加しないという選択が増えてきて、特に学校側が競争をあおるのはよくないという教育をしてきている中で、勝ち負けということを考えないというか、そういうことを避けて生きている人が増えているように思うんです。しかし、やはりそのことは問題だとも思うんです。社会に出たら、みんな手をつないで仲良くやりましょうとばかりはいかないでしょう？

特に今のように厳しい世の中では、自分はどういうところで勝負したら勝てるのか、逆にどういうところだと負けるのかということを知らなければならない。進学校にいるメリットの1つが、そういうことが比較的早い時期にわかるということなんです。

たとえば100番くらいでも東大に受かるような進学校があったとして、実際100番の生徒が受かったとしても、『トップと自分は全然違う』と『負け』を感じることにもなるんです。

しかし、このことは極めて大切なんですが、これはあくまでも受験勉強という『物差し』で測ったときの『負け』にすぎません。だから、社会に出たときに別の『物差し』で勝てばいいんです。そういう感覚を持つことは、真剣に生きることにつながります。負けることで、『どこならば自分は勝てるのだろうか』と自分にとってふさわしい場所を探すようになります。

そして、ここならば勝てるという場所を見つけてしまえば、胸を張って自分の『負け』も認められるようになります。『僕は勉強できませんでした』と堂々と言えるということは、今勝てる場所で自信を持って生きていることの証明なんですよ」

受験にはフライングもスピード違反もない

――そういうものであっても、できれば勝ちたいのが受験勉強だと思うのです。現実的には、いつ頃から始めたらいいのでしょうか。

「『受験にはフライングもスピード違反もない』。これは常々僕が生徒に語っていることです。小説『大地』の著者であるパール・バックの言葉に、『私は気分が乗ってくるのを待つことはない。そんなことをしていたら、何もできない。何よりも大切なことは、まず着手すべきことを知るべきだ』というのがあります。本当にそのとおりなんですよ。ただ、ちょっと長いので、これをひと言でいうと『いつやるか？　今でしょ！』ってことになります（笑）。気が乗らないとかどうのこうの言っているようでは、ダメなんです。やるかやらないかというより、今やるだけなんです。『やれるかな？』と迷うようなことは、まずやれるんです。やろう、と思ったら遅疑逡巡《しゅんじゅん》せず、直ちに始めてください」

第3章　僕の受験生時代

人生最初の入試で不合格

――ここまでは受験の諸問題について述べていただきました。続けて、林先生がそうしたお考えに至るまでにどんな受験生生活を送ってこられたかについてお話を伺います。

「僕の受験歴は、まず、国立愛知《あいち》教育大学附属名古屋《なごや》小学校の受験をしています。そして落ちました（笑）。理由は簡単で、もともと受ける気はなかったのに、最後にギリギリで申し込んだら、ペーパー試験では合格しました。ただ、その学校は、とりあえず定員の倍の人数を合格させておいて、後から福引きの抽籤《ちゅうせん》器のようなものでガラガラやって半分に絞るというシステムを採用していたんです。小学校の段階なのでペーパー試験だけで決めるのもどうかということなんでしょうね。それで、僕の抽籤順は最後で、つまり、玉が1個しか入っていない状態でうちの母親がガラガラ回したらはずれの玉が出てきた、ということなんです（笑）」

──小学校受験の前の段階では、英才教育的なことは何かやられましたか。

「幼児英才教育の類は一切やっていないです。0〜3歳児の頃に、もう少し今はやりの『右脳教育』をしていてくれたらなあと思うこともありますが、今さら言っても仕方ありませんよね。おかげで今、音感も悪ければ、絵もヘタで、そのあたりはどうしようもない人間になっています。ただ、字を読めたのは比較的早かったし、本を与えられるといつまでも読んでいるような子どもでした。

3〜4歳くらいでしたかね。祖父が紙芝居を買ってきてくれたんです。確か『三匹の仔豚《こぶた》』だったと思います。それを祖父母に読んでもらっているうちに、逆に自分で祖父母に読んで聞かせるようになったんです。何度か繰り返し同じものを読んでいるうちに、全部覚えてしまって。そうして、小さな『紙芝居屋』が誕生したんです（笑）。祖父母は喜んで、次から次へと新しい紙芝居を買ってきてくれました。それを読んでは覚え、そんなことを2年ほど繰り返したんですが、いろいろな専門家に聞いても、左脳が一番発達する時期に、極めて有効な方法だったようですね。そんなふうに発語することで脳が育つ、と。もっとも、そんな効果を考えてやっていたわけではないんですから、運がよかったとしか言いようのない話なんですが。

そして、次にやったことが子ども百科事典全8巻の丸暗記。祖父母に掲載されている項目名を問うてもらって、その説明内容を得意そうに答えるといったことを繰り返していました。たとえば『カメは？』と聞いてもらって、『カメっていうのはね……』と答えるという感じです。祖父母が褒めてくれるものですから、調子に乗って覚えましたよ。最後は頑丈な事典がボロボロになっていました。

僕が同じ本を何度も読んだというと、驚く人が意外に多いんですが、逆に僕はそのことに驚きます。本は何度も読むものですよ。もちろん、一度読んでオシマイという本もありますが、素敵な本は何度も読みたくなるものだと思うんです。皆さん、あまりそういう習慣がないようですね。たとえば僕は小2から小6まで毎年、宮沢賢治《みやざわけんじ》の『注文の多い料理店』で読書感想文を書いて出していましたが、これは別に手を抜いていたわけではないんです。そうではなくて、前に気がつかなかったことに気づくなど、読むたびに感想が変わるのが面白くてそうしていたんです。

しかもすぐに扁桃腺《へんとうせん》が腫《は》れる子どもだったので、しょっちゅう熱を出して家で寝ていました。ちなみに、幼稚園の頃は年中組で99日、年長組で69日休んでいるんです。でも、子どもって案外そういうところがあるのですが、熱が出ても元気で、ずっと本を読んでいました。

そんなわけで、幼稚園の頃は休んでばかりいてろくに友達もできなかったけれど、その代わりに本をたくさん読むことはできました。今から考えるとよかったのか、悪かったのか、微妙な幼稚園生活でした。

――今、世間では幼児英才教育全盛ですが、それはどのようにご覧になっていますか。

「1つ言えることは、本当に結果が検証されているものは案外少ないということです。最近開発された方法には、当然、長期にわたるデータはありません。つまり、こういう幼児教育を施した20年後に、こういう大人になりましたという成果は明らかになっていないものも多いということです。中には、思いつきでやっているのでは、と言いたくなるようなものさえ含まれています。毎年新しいものが出ては消えていくダイエット法に通ずるものがあるようにも見えるんです。それに、『最新の医学によると』という情報は、意外にコロコロ変わりますよね。

本当に有効な幼児教育方法は間違いなくあると思います。しかし、こういう状況ですから、なかなか真贋《しんがん》の見極めが難しいというのも実情ではないでしょうか」

――では、そういう幼児教育はあまり参考にしていないのですか？

「というよりも、僕はその道の専門家ではありませんので、偉そうなことは言わないようにしているということです。ただ、自分の体験と、僕が読んだ信頼できる専門の方の書かれた本を通じて、脳の発達期に大切なことは、まず正しい姿勢をきちんと教えることであり、子どもが発する『なぜ?』に正面から向き合って、子どもの発語を促すこと。あと、手を動かしてできるだけ細かい作業もさせるという、要は、昔から当たり前のことをしてやられてきたことではないかと考えています」

――ちなみに、子どもの頃の職業的な夢はありましたか。

「もともとはプロ野球選手になりたかったです。近所の家の壁に勝手にストライクゾーンを描《か》いて、毎日、投げ込みをしていました。でも、ダメでした。それで勉強方面に走って、小学校の卒業文集では将来の夢は歴史学者と書いたんです。中学の一時期には物理学者になると言っていたことがあって、高校のときは経済学者。結局、学者ばっかりです。しかも、結局学者にはなれなかったんですから、夢は夢に終わったということです(笑)」

東海《とうかい》中・高は放っておいてくれる素敵な学校

――公立小学校を経て、中学受験。そして中高一貫の私立東海中学に合格しました。

「小6の10月頃までは、中学受験などまったく考えていなかったのですが、急に『東海に行こう』と。それを親に言ったら、父は嬉しそうにしていたんだそうです。父も東海出身ですから。それほど準備をしたわけでもないのに、なんとか受かった。あとから考えるとよく受かったものだと思うのですが、当時は意外と受かると思い込んでいたふしがあるんです。怖いもの知らずというか、世間知らずというか。でも結果的には、東海に行って本当によかったと思っています」

――東海はどういう学校ですか。

「とにかく自由です。主体性を尊重してくれて、『管理』もまったくない。宿題もほとんど出ないし、夏休みの補習もまったくない。のびのびと過ごすことができました。主体性に乏しい子どもにとっては、手厚くやってくれるところの方がよいのかもしれませんが、自分から勉強しようという意欲を備えた子どもにとっては、そういうのは逆に迷惑ですから。そもそも勉強はひとりきりで、自分のペースでやるものだ、と割合早い時期から思っていたんです。だから一番困るのが、自由を奪われること。放っといてくれることは、大切なことだったんです。そんなわけで、東海は僕にとっては最高の環境でした。

いい意味で面倒見の悪い学校。でも、僕は面倒見のいい学校があまり好きになれないんです。先生が授業後まで残って、へとへとになって補習をしている学校には、どうにも魅力が感じられないんです。東海は先生が午後3時半には『俺も帰るぞ』と言って学校からいなくなり、楽しそうに自分のプライベートも満喫していました。そういうのが僕らにとっては魅力的に見えました。僕はそういう学校が好きなんです。大げさではなく、もし東海に行っていなかったら、今の僕はなかったと思います」

――東海は大学進学実績でも申し分ありません。2013年度入学者の実績では、東大に26人も合格しています。

「うーん、でも、実は東大という『物差し』では測りにくい学校なんです。なにしろ医学部志向の強い学校でしてね。医者の子どもが多いというのもあるのですが、先生が強要するわけでもないのに、とにかく国公立の医学部に進学してしまう。僕らのときは国公立の医学部に学年で100人受かっていました。こうした医学部偏重傾向は、中部地区が名古屋大学を頂点として、名古屋市立大、浜松《はままつ》医科大、岐阜《ぎふ》大、三重《みえ》大と、人口比で見たら首都圏よりもはるかに国公立の医学部に入りやすい環境にあることも関係あると思います。結局、私立大学の医学部出身者も含めると、同期の約4人に1人が医者です。この傾向は今でもあまり変わっておらず、よいことかどうかはともかくも、東大という『物差し』だけでは測定しにくい学校だと思います」

数学が得意な文系志望者

――林先生の中高時代の勉強法はどんなものでしたか。

「好きな本を、ただひたすら読んでいました。たとえば『史記』や『三国志』（『演義』ではない方です）。白文（句読点、返り点などがついていない状態の漢文）があって、書き下し文があって、訳があってというものを、図書館から借りてきては飽きずに読んでいました。おかしな話ですが、高校に入ると『漢文』という科目があることはまったく知らなかったんです。漢文をできるようにしようと思って読んでいたのではなく、面白いと思うから読んでいたら、いつの間にか漢文もできるようになっていた、僕の場合こういうことが多いんですよ。

そのあとは、文学にのめりこみました。漱石、鷗外《おうがい》、芥川《あくたがわ》、志賀直哉《しがなおや》、武者小路実篤《むしやのこうじさねあつ》、太宰治《だざいおさむ》……。片っ端から読破しました。しかも、読み始めると徹底的にやらないと気が済まない方なので、結局全集すべて、日記から書簡などまでを読みあさりました。難しい言葉がたくさん出てくるので、辞書を横に置いて読んでいたのですが、それが結果的には語彙《ごい》力の強化にもつながったようです。

科目の方では、数学が大好きでした。因数分解などは、見た瞬間に答えが出るところまでやりました。だからいまだにクルマのナンバープレートが、数式の係数に見えて（たとえば、1331だと、それがx^3+3x^2+3x+1に見える）、無意識に因数分解しているようなことがあります（笑）。あと、街で目に入る数字を見て、『あれは11の倍数だ』とか、そういうこともありました」

——では、得意科目は。

「やはり、数学でしたね」

――理系、理学部に行こうとは思いませんでしたか？

「まったく考えていませんでした。学校の先生には『君は理系だよ』と言われましたが、僕自身は『文系ですよ』と答えました」

――では、数学が得意な文系志望者であったと。

「そうですね。しかも、わからないことを楽しんでいました。ものすごく難しい数学の問題集を買ってきて、あるいはZ会の中でもとんでもなく難しい問題を選んで、それを頭に入れて『わからないなあ』と考えることが大好きでした。でも、ああいうことが、結局は脳の成長に役立ったのではないかと、今では思っています。いつも頭の中を、本から得た情報と、解けない数学の問題でいっぱいにして、絶えず考えていたことがよかったのではないでしょうか」

――勉強時間は多かったのですか。

「今お話ししたような状況ですから。読書を勉強時間にカウントするかどうかで大きく変わってきますが、普通は外しますから、そんなに多くはなかったということになるでしょうかね。本ばかり読んでいたとしても、それが『史記』や『三国志』だったり、あるいは『十六夜《いざよい》日記』や『更級《さらしな》日記』だったら、それは勉強なのか、読書なのか、なかなか微妙ですよね」

――どっちでしょうかね？

「でしょ。ただ好きな本を読んでいただけで、いわゆる、机にかじりついて問題集をガリガリやるタイプではありませんでした。ですから、ちゃんと解いた問題集は非常に少なかったと思います。

こういうやり方は、実は旧制中学の勉強のやり方なんだそうです。後《のち》に人に言われました。好きなことをやっているうちに、勉強も自然にできたという感じなんです。だから、他の人にはあまり参考にはならないですよね」

――そんな中で、高3の8月31日にご家族の前で何か宣言をなさったと伺っていますが。

「受験勉強終了宣言をしました（笑）。この宣言は効果絶大で、発表後は本当に勉強をしなくなったんです。成績も徐々に下降して。だから、本番のときには、かなりよたよたの状態でした。よく受かったと思います」

公文《くもん》式と英会話学校が役に立った

――中高時代には塾や予備校には行かれていましたか。

「高校のときには、予備校にはチョコチョコ行ってました。でも、感動した先生とかこういうふうになりたいとか思った先生は、ひとりもいなかったですね。『あなたの教え方を見てあげましょう』といった感じの、イヤ〜な生徒でした」

――では、塾や予備校は林先生にとってはほとんど役に立っていないわけですか。

「そんなことはありません。中学のときに通っていた公文《くもん》式と英会話学校は、結果的に数学と英語の受験勉強を早めに終わらせることに役に立ちました。特に公文式で爆発的な量の計算の訓練をしたことはよかったと思っています。僕は公文式肯定派なんです」

――公文式というのはどういう学習法なのですか。

「渡されたプリントを延々とやるだけで、あまり教えてもらえない。でも、勉強ってそもそも自分で考えるものなんです。だから、先生があまり教えないというのは、とても素晴らしいことなんです。むしろ教えすぎること、わかりやすく教えてしまうことのデメリットのほうが大きいと思います。

英会話学校の方は、とにかく時事英語的なものを覚えろ覚えろと言われるものですから、とりあえず覚えて、試験を受けたらどんどん上のクラスに行ってしまった。中3のときには、いわゆる『大人』のクラスに入れてもらっていました。絶対受験には出ないような単語を山ほど覚えたんです。たとえば、いまだに覚えている"H. I. H. the Crown Prince"、これは皇太子殿下のことなんですが、結局一度も使ったことがない（笑）。

では、こういった勉強がまるっきりムダだったかと言えば、そうとも思えないんです。直接役に立ったわけではありませんが、脳のスペックを大きくしてくれたような気がするんです。もちろん科学的な根拠のある話ではないんですが、勉強とはこんなふうにムダだらけでいいのではないかと思うんです。だから、いまだに『効率よい勉強』というスローガンは、好きになれないんです。勉強ってもっともっとムダだらけのものですよ、とどこかでささやく自分がいるんです。

こんなふうに、1つの目的に向かって直線的に進むのではなく、いろいろな雑多なものによくわからぬままに取り組んでいるうちに、結果的に全体の水準が上がって、受験も楽に終わったというのが、僕の場合の実情だったと思います。こういうやり方が正しいからこうしたわけではなく、たまたまこういうやり方をしていたら受験もうまくいったというだけのことなんです。

ですから、予備校講師は自分の体験を回顧して話す人が多いのに、僕は以前はほとんどしなかったんです。単に自慢しているようにも取られかねませんから。ただ、最近では東大特進コースにおいてのみ、時折話すようになりました。僕と同じように雑多なことに手を出したり、自分でサッサと勉強を進めてしまう生徒が多いので、誤解するどころか『自分のやり方は間違っていない』と彼らの背中を押すのに役立つようにも思われるものですから」

——受験で合格するためには、受験勉強だけやっていたらダメだということですか。

「難しいところですよね。僕は自分のやってきたことは、例外に属する一例にすぎないという認識を持っていますし、実際、受験勉強そのものに絞って、『効率よく』勉強しなかったら受からない受験生はたくさんいるんですから。
でも、先にも述べたように、勉強とは本来ムダだらけのものだと思っているので、受験期直前ならともかく、時間に余裕のある早い時期にはいろいろなものに興味を持って、役に立つかどうかなど考えずに、思い切り没頭してほしいとは思います」

――青春期にはアルバイトはされましたか。

「高校までは一切してないです」

――では、金銭的なことは。

「全部親にもらっていました。予備校の授業料を水増し請求するようなことまでしていましたから、最低ですよね（笑）。6講座取ると言って、2講座しか取らなかったり。大いに反省しています」

――ちなみに、その余らせたお金は何に使われていたのですか。

「形に残るようなものを買ったことはほとんどなくて、ほぼすべて食べてしまったんですよ。だから、すごく太ってしまって、受験直前には体重は１００キロを超えていました。おなかが空《す》くから、親にウソまでついた。ギリギリ許される範囲だと思っているんですが、ダメですかね？」

図書館をわが住処《すみか》とす

――子ども時代から入りびたっていた場所があったと聞いていますが。

「図書館ですね。学校の図書館と市立図書館。小学校時代は歴史の本。中学の3年間は、部活もろくにやらないで、とにかく自分の興味のあることの本を読んでいました。数学やって読書、数学やって読書、その繰り返しだったような気がしています。

親や妹の図書館カードを借りて、図書館からいつもギリギリまで借りて、遅れては督促の電話がかかる、そんなことも繰り返していました。

それと、今思い返してみてよかったのかなと思うことが、読んだだけじゃなくて、山ほど本を書き写していたことです。あのプリントとか残ってないかなあ。実物をお見せできるといいんですけど。小学校のときには、年表を巻物に仕立てたり、部屋中いっぱいに広がるような家系図を作ったり。とにかく歴史関係の資料を読みあさって書き写し、それを自分でまとめるというようなこともしていました。

中2くらいからコピーが普及し始めたんですが、まだ珍しかったうえに料金も高くて、お小遣いの乏しい小・中学生には厳しかったんです。だから、その頃はみんなが図書館で資料を書き写していました。今みたいにウィキペディアをプリントアウトして終わりの時代ではなかったんです。でも、それがむしろよかったと思うんですよ。つまりコピーがなくて幸せだったな、と。

今だったら僕だってコピーして終わりにしてしまうでしょうが、やはりコピーをしただけなのと、手を動かして書き写したのとではとんでもない差があるんです。脳への刻まれ方が違います。ついでに、難しい字も書けるようになりましたし」

――それが今のベースになっている感じですね。

「それから、小2のときに、中村孝也《なかむらこうや》さんという歴史学者の『日本の歴史』というシリーズを読みふけりました。あれは何冊だったかなあ。これもまた暗記するくらい読みましたね。何回も借りては返して。小2のときは、あれ以外の本は読んでいないような気さえします」

――それはちびっ子向けのシリーズですか。

「違います。かなり大人向けだったと思います。読み仮名は振ってありましたが。もう1つ思い出したのですが、小学校高学年から中学校にかけて英会話教室に通っていた際に、教室の近所に書店があったんです。その店長がすごくかわいがってくれて、どれだけ立ち読みしても怒られなかったんです。もちろん、たまには買いましたよ。でもたとえ買わなくったって、『本当に本が好きなんだねえ』といつも温かく見守ってくれたんです。だから、英会話教室の授業が終わるといつもその書店に行って、閉店までずっと立ち読みしていました。

僕の場合、両親も読書好きで、本についてのいろいろな話をしてくれました。さらに、あの書店の店長さんとの出会いも大きかったと思います。こうやって考えてみると、本との関係が深まるには、それを支える人との関係が必要なのかなとも思います」

――学校の成績はいかがでしたか。

「正直に言ってしまえば、ずっとよかったです。でも中学のときは、英数国理社といった学科はよかったんですが、音楽や体育や書道はダメ。特に書道はひどい点数をつけられていました。今でもネットでテレビを見た方から、『林の黒板の字は汚い』と言われているくらいですから、仕方ありませんね（笑）。

高校に入って、ラグビー部に入って本格的にスポーツにも取り組むようになったんですが、成績は順調でした。予備校の模試で全国1番になったこともありましたし」

――充実の青春期を送ってこられた林先生ですが、それでもやり残したと感じていることはありますか。

「勉強です（即答）。

ラグビー部に入ったのも、勉強のメドが立ったという余裕からだったんですが、ラグビーの才能はゼロ、いやむしろマイナスでしたから。今なら適性のないものはサッサと諦《あきら》めて、向いていることに打ち込むんですが、当時はスポーツもある程度できなければ、と思い込んでいました。

そのせいもあって、高2くらいからゆるみ始めたんですよ。結果的に、高2・高3の2年間はもったいないことをしたなあ、と今つくづく思います」

文系トップとして、自然と東大へ

――そして大学は東大を目指しました。なぜ東大を。

「うーん、なんとなくかな。こう言ったら怒られますかね？　ただ、僕の高校で、僕くらいの成績だと、まあ東大でしょうという雰囲気というか、慣例というか、とにかくそういうことなんです。東大に行くぞ！　とシャカリキに頑張ったということはまったくなくて、ごく自然な流れで、という感じでしょうか」

――たとえば海外の大学、ハーバード大を目指そうなどは。

「当時は大学でいきなり外国に行くという選択肢はありませんでした」

――名古屋を離れたいというお気持ちはありましたか。

「それはありました。絶対に東京に行こうと思っていました。それには親の影響もあるんです。僕の父も母も、大学時代に親元を離れて暮らした経験がありましてね。特に京都で寮生活を送った経験のある母は、それがすごく楽しかったらしく、『とにかく絶対に家を出なさい。ひとり暮らしをしなさい』と常々言っていました」

――今は、主に経済的な観点から地元志向というのが強まっています。

「確かに、今は非常に厳しい状況ですからね。経済的に無理だというのであれば、それはどうにもなりませんよね。それに、女子の場合は親御さんが不安だから手元に置いておきたいというのもわかるんです。けれども、男子で、もし経済的な事情が許すのであれば、やはり大学時代にひとり暮らしをしてほしいです。

ひとり暮らしをすると、人が生きていくことがいかに面倒なことかがわかるんです。それは、自分の日常がいかに両親によって、特に母親によって支えられていたかを知ることでもあります。食事は黙っていても出てくるものではない。洗濯物は放っておけばどんどんたまって、着るものがなくなることだってある。さらには、いかにほこりの積もるのが早いか、そしてそれを防ぐためにいったい誰が、どんな頻度で掃除をしていたか、そんなことがすべてわかるんです。そういうことを知らないまま社会に出るのは、あまりいいことではありませんよね」

――総合的には、林先生個人といたしましては、受験経験というのは役立っているものでしょうか。

「もちろん。そう言わなければ、怒られてしまいますよ。何しろ、ずっとそれで生計を立ててきているんですから（笑）。しかし、それだけではないのも事実です」

――と言いますと？

「たとえば、生活のリズムの基本そのものが、受験勉強を通じてできあがったと思います。どういうことかと言えば、今でも僕は、本気で仕事に打ち込むときには夜中の2～5時に全力集中することが多いのですが、これは受験時代そのままのリズムなんです。昔から、夕食を食べると眠くなって寝込んでしまうんです。もちろん、食べすぎるからそうなるという面はあるのですが、とりあえず寝てしまう。そして、いかん！　と起きだしてそこから集中して一気に仕上げるという習慣が身についてしまっているんです。

医学的には褒められたことではないんでしょうが、長年の習慣なので今さらどうしようもないんです。というよりもおかしなもので、この2~5時は俺の時間だ、この時間なら最高に集中して最高のパフォーマンスに仕上げることができるという、根拠なき自信まで満ち溢《あふ》れているんです。

本当は、専門家がおっしゃるような普通の『早寝早起き』がいいんでしょうね。僕の場合、究極の早寝早起きと言えなくもないが、どうも違う。集中のコアタイムというものができあがってしまったんです。しかも、社会に出てからも、このコアタイムに成し遂げたことが実際に評価されてもいるので、結局いつまでも同じやり方を続けているということなんです。

理屈では正しいが自信の持てないことと、理論的にはともかくも自分としては自信を持ってやれることがあったら、たぶん、後者の方が意味を持つことが多いのではないでしょうか。ましてやそれが、まだまだ人間としては未完成な10代の体験から得られたものであるとしたら、人生に与える影響は決定的なものがあるはずです。そういった意味で、受験勉強は、自分の成功パターンを確立するに際して、かなり重要な意味を持ちうるということだと思います。

さらに僕の場合には、ただ表面的に覚えればいいという暗記型の勉強を忌み嫌ってきました。覚えるにしても原理を理解したうえで覚えたい、そういうこだわりを持って勉強してきたんです。だから、とにかく自分の頭をフルに動かし、考えに考えて答えを出すことが習慣化してしまったんです。あまり考えないで、これはこういうことなんだから、こうしておこうとか、とりあえず暗記しておけばいいやといった妥協ができず、いつも自分が納得いくまで考え込んでしまうんです。こういう性癖は、時にマイナスに働くこともありますが、全体的に見ればやはり大きなプラス作用があります。特にこういう仕事をしているのでそう思うのかもしれませんが。

実社会に出たらたぶん必要のない情報を、ただ試験のために頭に詰め込んでいくことが受験勉強だとしたら、こんな悲しい作業もないでしょうが、実際には今述べたように自分の成功パターンを確立するのに役立ったり、どんな分野で生きていくとしても必要な考える力そのものを高めることにつながったりもするのですから、受験という制度を否定する理由が見つからないというのが本音なんです。単に、自分がたまたまうまくいったから擁護しているといったレベルのものではありません。そこをわかってほしいですね」

第4章　東京大学は一番いい大学か

東大は学内での差が大きい

――順調な受験生生活を終え、林先生は東京大学文科Ⅰ類に入学されます。この章では「東京大学は一番いい大学か」をテーマにお話を伺います。まず、東大での学生生活は楽しかったですか。

「楽しかったです。時代はバブルでしたし」

――少し乱暴な聞き方かもしれませんが、果たして東大は日本で一番いい大学でしょうか。

「それはよくわかりませんね。たとえば、東京藝術《げいじゅつ》大学は、芸術的センスで測定したら、間違いなく東大を軽く超えていく学生の集まりだと思います。その人が目指しているものによって、『一番』は異なるものです。少なくとも僕にとっては、どうやっても入れなかった東藝大と、とりあえず入ることができた東大を比べたら、東藝大のほうがはるかにすごい大学なんです。

そういうことを踏まえたうえで、受験勉強という『物差し』で測ったときには、確かに一番上にいますね。いわゆる偏差値が一番高いという意味での『一番』です。ただ、ある分野で一番であることが、それ以上の意味を持つことは珍しくないことです。そういう意味では東大も、受験勉強で一番できる人たちが集まっているだけの場所にとどまらず、考える力そのものが豊かな人たちが多数集まっているような気がするんです。もちろん僕は他の大学のことを全部知っているわけではないので、他にもそういう人が多数いる大学があるのかもしれませんが、社会に出てから出会った人においても、この人は考える力そのものがすごいなと思う人の率が一番高いのが東大であることは、やはり単なる偶然ではないように思われます。だからといって、トータルで見て東大が一番いい大学であるなんてことは、とてもじゃないけどおこがましくて言える話ではありませんが」

――逆に、東大での学生生活の経験が、マイナスに作用するのを感じられた部分はありますか。

「東大に受かるか受からないかは、実に小さな差にすぎません。1点差、2点差どころか、0・1点という微差で落ちる生徒までいるわけですから。その差は、たとえば17〜18歳のときに、1つの漢字書き取り問題を正しく解けたかどうかという差なんですから、どう考えたってその人そのものが優秀かどうかの差を表すものでないことは明らかでしょう。

実は、東大に入れるかどうかの差ではなくて、東大の中での差が大きいんです。大学内格差と言ったらちょっと嫌な言い方になりますが、そういうものが一番大きいのが東大なんです。これは間違いない。

なぜかと言えば、今のように偏差値で輪切りにされている状況においては、ある大学においてずば抜けて優秀であれば、それより上の大学に進学していた可能性が高い。つまり、その大学に在学しているのは、偏差値で輪切りにした、ある範囲に限られる可能性が非常に高いんです。そう考えると、偏差値的に一番上に位置している東大だけは、上がどこまで突き抜けているかわからないということになりますよね。同じことが、一番下の大学にも言えるでしょうが、それは今考えなくてもいいでしょう。

だから、東大のトップ層は本当にすごいんです。そのことは、僕自身が身をもって体感しました。たとえば、理学部天文学科は、僕のときには大学3年時の進学振り分けでとんでもない点数を取らなくては行くことができない学科でした。そこに進学した学生と一度だけゆっくり話したことがあったんですが、話していてとても不思議な思いになったことを今でも覚えています。ああ、この男の頭の中には宇宙が入っているんだなあ、だからこうなんだ、と。もちろんその判断が正しかったかどうかはわかりませんが、少なくとも他では二度とそんな感覚になったことがないのも事実です。

上にフタがないから、トップの能力はものすごい。その結果、ギリギリ入学組との差はとてつもなく大きいんです。にもかかわらず、たまたま滑り込んだだけで『俺はすごいだろう』という態度を見せられると、ちょっと違うんだけどなあ、と思ってしまいます。

実際、そういう人は、社会に出てからはあまり活躍していないことが多いですね。あいつ、東大出のクセに使えないなあ、という烙印《らくいん》を押されて早めに窓際に送られてしまうようなことも多いようです。当然です。だって、社会に出れば受験勉強ができたかどうかという『物差し』は、役には立たないんですから。

ついでに言うなら、こういうのも認識間違いです。文系でたまに、自分は文系科目は素晴らしくできたが、数学が苦手だったから、極端な場合、数学が0点だったから東大に落ちたとおっしゃる方がいらっしゃるんです。僕自身、何人ものこういう方に（特に予備校講師に）お目にかかりましたが、これは大きな間違いです。

なぜなら、うちの優秀な文系スタッフの入試の開示点数を見ると（最近の東大は、入試で何点取ったかを受験生にちゃんと伝えるんです。しかも、不合格者に先に。これは、あと何点で合格だったんだから、すぐに対策を始めましょうねという大学の思いやりの表れなのかもしれません)、数学が0点だったとしても十分合格していたというケースがほとんどなんです。つまり、英語、国語、社会といった文系科目で十分な点数を取っていれば、合格可能なんです。それを社会に出て何年も経っているのに、数学ができなかったから落ちたというのは、どうなんでしょうね。

また、○○大学に行った理由として、本当は××大学に行きたかったが落ちたから、仕方なく○○大学に行ったというようなことを、こちらが聞きもしないのにおっしゃる方にときに出会います。これは、本当は自分の実力は、実際に行った○○大学ではなく、落ちた××大学の方なのだということをおっしゃりたいんでしょうが、実際に行かれたのは○○大学なんですから。それに、仕事の相手として見ている場合には、どこの大学を出たかなんてどうでもよいことなのに、ことさら本人がそうおっしゃると、この人は一生こういうコンプレックスを抱えて生きていくんだなあ、とただただマイナスの評価を募らせるだけです。だったら、胸を張って『○○大学卒です』と言った方が、よほど気持ちがいいんですがね。

東大がいい大学かどうかですが、受験勉強という『物差し』で測った際には自分がある程度いい位置にいたにすぎないと客観的に自己を捉え、東大を単なる通過点と見て、次のステップへ羽ばたいていった人たちにとっては、とてもよい大学なんだと思います。しかし、一方で東大が目標になってしまって、入ったことで満足し、さらには慢心して努力を怠った人たちは、高い確率で『社会に出て使えない東大出身者』という評価を受けて、あまり楽しい人生を送っていないのが実情です。

ですから、東大をいい大学にするもしないも、結局は本人次第という、極めて月並みな結論に落ち着いてしまうんです」

東大改革案に異議あり

――そんな東大なのですが、いろいろな改革案が世間をにぎわしています。秋入学、推薦入学の導入など。今、何を改革すべきなのでしょうか。

「確かに、日本の4月入学という制度は、世界的な流れからズレています。実は日本も明治時代に一時、秋入学だったことがあるんです。しかし、なぜか全体的なシステムが4月スタートということに変わったんです。これを再び秋入学にするには、どこか1ヵ所を、『えいっ』と思い切りねじって、『はい、こうなりました』とするしかない。長い目で見れば、犠牲になるのは1学年、あるいは2学年ですから、やむを得ないという見方もできるのかもしれませんが、当事者にとってはとんでもない問題ですよね。だって、なんの責任もないのに入学が半年遅れ、就職に至っては、もしかしたら1年遅れる状況に追い込まれることになるのですから。

仮にそういうことを無視したとしても（本当は無視してはいけないんですが）、日本は世界的な流れとはズレながらも、これまで世界と互角にやってこられたわけです。少なくとも、今の制度が国際社会における日本人の立場に致命的な影響を与えてきたとは言いがたいと思うんです。もしかしたら、こういうことが言われ始めた背景には、現在、東大への留学生が減っていることがあるのかもしれません。そういうことを含めた『東大の地盤沈下』に対して危惧《きぐ》を抱くのは当然だとしても、直ちに9月入学にすればいいということにはならないと思うんです。国際的には9月スタートが多数であっても、日本社会全体は4月スタートというシステムで機能しているわけですから、そういう『足場』を無視した改革には賛成しかねる、というのが僕の考えです。

また、推薦入学についていうと、これは後期入試の廃止と抱き合わせではないかと思うんです。僕の極めて勝手な憶測ですが、東大は後期入試をやりたくないのではないでしょうか？　一般的に言うと、後期で入る学生は前期で入る学生よりも学力が落ちる場合が多いんです。特に東大の場合には、入試問題が良質であることもあって、本当に優秀な学生は、まず前期で合格しています。むしろ、先にも述べたように『過剰に』合格にしている状況ですから、前期で落ちた生徒をことさら救済する必要はないと判断していたとしてもおかしくはないんです。例外があるとすれば、あまりにも枠が狭い理Ⅲに落ちて、後期で理Ⅰや理Ⅱに入りなおすといったケースでしょうか。あえて繰り返せば、受験生の数は我々の頃から半減しています。にもかかわらず、定員が変わっていないんですから、クオリティを維持するのはそもそも困難な状況です。

さらに憶測を重ねるならば、2008年の時点で後期を廃止したかったのではなかろうか、という気がするんです。なぜかと言えば、この年に後期入試のシステムが大きく変わって今の形になったのですが、この前年に京大が後期入試を廃止しているんです。そういう状況で、もし東大まで後期を廃止したら、文科省から見れば後期入試の存在理由を問われかねない。だから、東大側は枠を絞りながらも、後期入試を維持したのではないかと思うんですよ。まあ、以上はすべて僕の憶測（妄想？）ですから、真偽のほどはわかりませんが。

東大の前期試験は、しっかり作られていて、やや学力の低い学生が枠の広さもあって受かってしまうことはあっても、非常に優秀な学生が落ちるということはまずありません。そういう試験で、定員3000人のうちの90～95パーセントくらいを選抜して、残りは違う基準で入れるという柔軟性はあってもいいでしょうね。このくらいの人数を前期試験で取っても、結局下位層の合格者が増えるだけですから、それならば他の基準で選んだ方がよいのでは、ということです。

たとえば、国際数学オリンピックの金メダリストだったら、もう自動的に合格にしても構わないのではないですか？　早く入学してもらって、できれば10代のうちに、遅くとも20代前半で国際的に通用するような論文を発表するような学生が現れたら、日本の評価も上がりますよね。数学のノーベル賞といわれるフィールズ賞も、もう20年以上も日本人が受賞したというニュースを聞いていませんし。

実は数学だけでなく、今では物理、化学、生物、地学などのオリンピックが開かれているのですが、あまり知られていません。スポーツのオリンピックの誘致に関してはマスコミも大きく取り上げますが、学術のオリンピックは案外無視されているんです。確かに、スポーツに比べたらわかりにくいです。でも、スポーツであれ勉強であれ、若者が何かに打ち込む姿の尊さは変わらないはずです。そんな若者たちが国際的な舞台で、世界のトップを相手に堂々と戦っているのですから、もう少し取り上げてほしいですね。わかりにくいからこそ、マスコミにはぜひわかりやすく伝えてほしいんです。

あるいは、コンピュータのすごいプログラムを書き上げてしまった生徒なども推薦入学の対象にしていいでしょうね。

こんなふうに若い才能の輝きを誰もがわかるような形で発揮している若者であれば、

年齢を問わず推薦で入学できる枠が全体の5〜10パーセントある、そんな推薦制度なら大賛成です。

結局、推薦制度そのものがいいとか悪いとかいう問題ではなく、どういう中身のものにしていくかということだと思います。東大が強いリーダーシップを発揮して、新たな時代の人材選抜、育成の明確なスタンスを示してほしいと僕は期待しているんです」

——あと、今話題に上がっている以外のことで、改革すべきとお考えのことはありますか。

「定員削減も考えるべきかもしれません。なぜなら、最近では、このレベルまで受かってしまうのかということが多すぎるんです。今述べたように、一部の基準を変えるのであればまだしも、今の制度のままだと、定員が少し多いのではないかという思いをずっと抱いています。先ほどの繰り返しになりますが、単純に子どもが減っているのに、定員が僕らのときと同じで3000人のまま変わっていないのは、おかしくありませんか？」

——ちなみに今、日本の教育界全体でも毎年受験制度を変えようという動きが起きて

いいます。そういう動きが予備校業界へ影響することはありますか。

「影響があったとしても、一時的なものにとどまるでしょう。制度が変わったら変わったで対応していくのが予備校業界なんです。かつて、センター試験導入のときも大騒ぎになりましたが、それに伴ってセンター対策講座みたいなのが恒常化しただけではなく、今では予備校の中心的な『商品』になっています。変わったら変わったで、それに応じたカリキュラムを用意するだけです。大学側が受験生に要求する中身そのものは、いつもそれほど変わらないんですから。

制度や教育課程が変わっていつもドタバタしているのは、理科と数学なんです。『この分野は消えた』『そしてこれが加わった』などと、東進でも新課程になると大騒ぎになります。

その一方で、今まで何度も教育課程は変わってきたのに、国語は驚くほど無風地帯なんですよ。かつてセンター試験は、『国語I』と『国語I・II』とに分かれていました。要は、高1までの国語と高2までの国語ということなんですが、現代文をそんなふうに分けるのは容易ではありません。全体的には『国語I』のほうが易しかったものの、時に『これはどうかな?』という問題もありましたよ。せいぜい常用漢字が増えたことで、書き取りの試験に影響するくらいです。それなら、漢字の練習を増やしましょうというだけのことです。

古文や漢文も影響が出ようがないです。新しい文章が増えるわけではありませんから。こんなわけで、制度の変更に対して、国語は基本的にはいつも無風なんです。だから、他科目の騒ぎをいつも対岸の火事のように見ています」

特に男子はマザコンが多い？

――今と昔とでは違うかもしれないのですが、今の東大生にはどんな特徴がありますか？

「僕が見る限り、男子はマザコンが多いですね。ただし、いいマザコン。お母さんがしっかり面倒を見て育てたから、そのお母さんのことが好きになったという、とても『健全な』マザコンです。さらにいえば、そういう親子関係ができあがっていると、普段から親が子どものことをしっかり見ていますから、『勉強しなさい』と言うことも少ない。そう、東大生は小さい頃から『勉強しなさい』と言われた経験が少ないんです。

そのうえ、前にも述べたとおり、特に進学校から来た生徒の場合、『感覚のインフレ』が起きていて、自分はそんなに勉強してきたわけではないという自覚も強い。
もう1つ特徴を挙げれば、入試の科目数が多いので、全科目を完璧にしようとするタイプも少ないです。得意な科目でしっかり点数を取って、不得意なものは失点を最小に抑えられればいい、そんな感じで悪《あ》しき完璧主義に陥らない。こういうところは、昔も今も変わっていないように思います」

――人間的にはどうでしょうか。

「本当にいろいろな学生がいます。あらゆるタイプが揃《そろ》っていると言いたいくらいに。でも、それも当然ですよね。なにしろ、受験勉強という『物差し』で選抜しただけで、人間性についてはいわば不問のままに、入学を認められたのですから。人間的にも優れている、立派だなと思う学生もいれば、確かに勉強は（ある程度）できたけれども、人間的にはあまり感心できないなあ、このまま社会に出たらどうなるのだろうと心配になるような学生もいます。そういう点では他の大学とまったく変わらないと思います。
ですから世の中が、東大生だからといって、人間的にも素晴らしいと錯覚しないことが大切です。勉強はできるかもしれないが、という落ち着いた目で見るべきだと思います」

東大に簡単に入れる「コツ」はあるか

――大変不躾《ぶしつけ》な質問ですが、東大に簡単に入れる「コツ」はありますか。

「『コツ』ですか……。僕は、この言葉があまり好きではないんです。よく『現代文のコツは？』などと聞かれることもあるのですが、ひと言で答えられるような『コツ』があったら、それで勉強はオシマイで、僕らは失業ですよ。僕らの失業はともかくも、そんな簡単につかめる『コツ』ではないところで合否が決するからこそ、東大の価値もあるのではないでしょうか？『簡単なコツは？』などと聞くこと自体が、東大に対して失礼なように思われるのですが……。小さい頃から10年、あるいは15年といった、決して短いとはいえない期間、もしかしたら友達が楽しそうに遊んでいるのを横目で見ながら、きちんと頭を使って暮らした結果として入学が果たせるのですから、『コツ』などという安易な言葉を使うのはやめませんか？」

――わかりました。それでは話を変えます。『ドラゴン桜』という漫画が、ずいぶん話

題になったことがありました。たったの1年でノウハウだけを詰め込めば東大に入れるというストーリーの作品ですが、あの作品をどうご覧になりましたか。

「100パーセント不可能な話ではありませんが、あれはあくまでも漫画であり、フィクションですから。僕はドラマしか見ていないのでなんとも言えませんが、少なくともドラマでは、入試に必要な全科目をカバーしてはいませんでしたよね。そして、全員が受かったわけではなく、落ちた子もいた。受験勉強に対する適性が高く、綿密な指導をすれば、ごく短期間で合格することは不可能ではないと思います。ただ、何しろ入試の科目数が多いので、もし中学校の内容までさかのぼらねばならないのだとしたら、1年で合格する可能性は非常に低いと言わざるを得ません。

ただ、あの作品に表現された入試観、受験観は評価すべきだと考えています。特に『バカとブスこそ東大へ行け』というのは名言です。僕がいつも授業で言っているように、福山雅治《ふくやままさはる》さんくらいカッコよければ大学に行く必要はない。亀田《かめだ》兄弟のパンチ力があれば、やはり同じです。イチロー選手もダルビッシュ選手も、皆、大学には行っていない。彼らのように、自分のやるべきものをすでに見つけているのであれば、東大なんか必要ないんです。

しかし、そういうものが見つかっている高校生はごくわずかです。だから、そうでない生徒が可能性を広げるために大学へ、東大へ行こうとするのは当然なんです。このことはすでに述べましたよね」

――そういうことも踏まえたうえで、受験生に東大進学を勧めますか？

「僕は基本的に、人に何かを勧めるということがないんです。自分でやりたいと思うのであればやればいい。行きたいと思えば行けばいい。行きたくないという人に行かせようという気もありません。本だって、読んだら面白いのに、とは思いますが、読まない人は仕方がない。どの大学がいいなどとはひと言も言いません。自分で考えて、行きたいと思えば行けばいい、それだけです」

トップグループは横綱相撲《ずもう》が取れる

――東大には受験勉強におけるトップグループが集まります。では、本当のトップグループのすごさは、どういったことに表れるものでしょうか。

「横綱相撲が取れることですね。受験勉強の際に奇策を弄《ろう》することもなく、かといって『こういうやり方しかない！』といったこだわりもなくて、柔軟な対応ができる。自分が採用している方法も、実に冷めて見ていて、相対的によいとしか思っていない。だから、こちらの方法がよいなと思ったら、さっさと切り替えることができるんです。そして、他人のやり方も否定しない。そういうやり方もあるよね、という感じです。

これが1ランク落ちるグループだと、『このやり方しかない！』といったことを強く打ち出しかねない。たとえば、英語で言えば『音読しかない！』とか言い始める。もちろん、音読が間違った勉強法だと言っているわけではありません。ただ、実際に入試で高得点を取った生徒に聞いてみると、音読をかなりした生徒もいれば、ほとんどしなかった生徒もいる。上位になればなるほど、各人は自分で探した勉強法を持っているので、その内容はバラバラになってくるんです」

――そうした自分に合った勉強法を持っている人が「本当に勉強ができる人」、というわけですね。

「そうですね。ここで自分のことを言い出すのはためらわれるのですが、模試で全国1位を取っていたくらいですから、あくまでも受験勉強はできたという話としてご了承いただければと思います。

僕は単語帳が大嫌いでした。理由は、あまり多くの情報を書くことができないからです。しかし、知り合いのひとりに、なんでもかんでも単語帳に書き込んで覚えている優秀な生徒がいたんです。彼が言うには、『この狭いスペースに書きされるくらいに、情報を整理することが大切なんだ』と。なるほどと思いました。だからと言って、自分もそうしようとは思わなかったし、彼もまた、『林もこうしたら？』とは言わなかった。

自分はこういう方法を、こういう理由で採用している。だからと言って、それが他人にも当てはまるかどうかはわからない。そういうことをわかって勉強しているんです。こういう人が大人になって教える立場に回ると、『ああしろ、こうしろ』ということをあまり言わない教え方をします。逆に、先に言ったような少し落ちるグループの人が教える立場に回ると（これがまた多いんですが）、自分の成功した1パターンを振りかざして『このやり方しかない！』というような教え方をする。その方法が合う生徒にとってはとてもいい先生なんですが、もともと持っている資質が違う以上、すべての相手がそうなるとは限らない。ちょっと話が横にそれましたね」

——いえいえ、これもまた興味深い話です。しかし、話を戻せば、本当のトップ層は考え方とかやり方が柔軟であるということなんですね。

「そういうことです。結果が出ているからといって、自分の方法に普遍性があるとも思わなければ、ベストの方法だとも思っていない。まだ、もっといいやり方に出合っていないだけかもしれないからです。だから、実際にそういうやり方に出合えば、サッサと切り替える。実社会でもそうですが、優秀な人ほど『こだわり』が少ないですよね。受験でも同じだということにすぎません」

第5章　予備校講師としての責任

さまざまな失敗が、予備校講師・林修を生んだ

――この章では、林先生がお仕事の場にしている「予備校」や、お仕事とされている「予備校講師」についてお話を伺ってまいります。まずはいろいろなところで話されているかもしれないのですが、どういった経緯で予備校講師になられたのかについて、改めてお話を聞かせていただけましたら。

「いろいろと失敗を重ねたからです」

――大変失礼ながら、東大法学部を卒業後、アナリストを目指し日本長期信用銀行に就職するも、5ヵ月で同期第1号として次のあてもなく退社。小さな部屋に住んで競馬三昧《ざんまい》であったり、火事を起こしたり、泥棒に入られたり、投資に失敗して借金1800万円を背負ったり、その末に予備校講師になられたと聞いております。

「お詳しいですね（笑）。まあ、僕がいろいろなところで話しましたから。悔しいもなにも、現実的に予備校しかなかったというところでしょうか」

――それも冷静に受け止めていたのでしょうか？

「そうですね。現実にはつい願望が混ざりこんでしまうものなんですが、僕の場合、そんな夢や願望よりも、まず背負った借金を返さなければならなかった、それだけのことです。

　歌手のさだまさしさんが借金28億円を抱えて、最終的に35億円を返したという話をされていたときに、『借金がパワーになった』とおっしゃっていました。それを聞いて、自分もそうだったなあ、と思ったものです。

　借金が積み重なっていくのは、弓矢を引き絞っていくようなものなんです。絞れば絞るほど反動力も大きい。それで、まだ絞れる、まだ大丈夫だと思って引いていくと、いつかボキッと弓自体が折れてしまう。

　つまり、返せる範囲の借金はパワーにもなりうるが、ある限界を超えると人生そのものを破滅させかねないということなんです。その範囲は、さださんのように数十億円という人もいれば、もしかしたら数十万円という人もいるかもしれない。僕の場合も、限界を超えなかったから今こうしていられるだけのことです。実際に、借金でつぶれていった人も多数見てきました。バブルとは、そういう時代だったんです。
だから、借金をすることはよいことですよ、とはとても言えない。しかし、借金を返そうという意欲がすさまじいパワーに換わりうることも否定できない。だから、さださんのような方もいらっしゃるし、僕自身も借金をゼロにしようという思いで何年間も仕事に打ち込むことができたんです」

東進《とうしん》ハイスクールの門を叩《たた》く

――どん底の日々を過ごされていた20代半ば、林先生は東進ハイスクールの門を叩きます。その詳しい経緯はどんなものだったのでしょうか。

「最初、『フロムエー』で学習アドバイザーの募集をしているのを見て、応募したんです。その頃は小さな塾の講師を掛け持ちしたりしていたんですが、夕方、つまり生徒が学校から帰ってきた後の仕事はいくらでもありました。しかし、昼間の仕事はなかなか見つかりませんでした。浪人生が在籍する予備校に限られますから。そんな状況で、東進が浪人生の英語の学習アドバイザーを募集していたんです。朝8時半から夕方4時くらいまで、7～8時間で、1万5000～6000円になる。これは悪くないなと思って、週2～3回、やり始めました」

――約20年前というと、予備校業界では三大予備校（駿台《すんだい》予備学校、河合塾《かわい》、代々木《よよぎ》ゼミナール）が勢力があって、東進は伸びつつはあっても、まだまだ小さかったと思います。その段階で三大予備校ではなく東進の門を叩いた理由はあるのでしょうか。

「まったくウカツな話なんですが、そして僕にはこういうウッカリが多いんですが、三大予備校が講師をどうやって募集していたのかまったく知らなかったんです。後で聞いたところによると、新聞に募集広告を出していたんだそうです。もっと早く人に聞いていたら、そちらに今もいたかもしれませんね」

――当時、東進という予備校に対してはどういう印象をお持ちでしたか。

「実は、よく知らなかったんです。金ピカ先生（当時の東進ハイスクールの看板講師、佐藤忠志《ただし》氏）さえ知らなかった。僕は南浦和《みなみうらわ》校で採用されたんですけど、そこに毎週金ピカ先生が出講されていて、『あの人っていつも恰好《かっこう》がハデだね』と言ったら『えっ、金ピカ先生を知らないの？』と驚かれたくらいですから」

――では、東進だから志望したという強い動機はなかったのですか。

「まったくありませんでした。とりあえず、昼間の時間を埋められる、悪くない働き口が見つかったといった感覚だったと思います」

――学習アドバイザーから入られて、その後はどうでしたか。

「割合早い時期に『講師をやってみないか？』と声をかけられたんです。仕事の中に、担当する浪人生に対してのホームルーム的なことや、ミニ授業のようなことも含まれていたのですが、その様子を上の方がよく見ていてくださったんです。同じ立場の人間が何人かいたのですが、その中の2〜3人に『授業もやってみないか？』と声がかかり、僕もその中に入っていたというわけです。そして、生徒を広く集めて、公開授業を行なう機会をいただいたんです。普段教えているのは英語ですから、もちろん英語の授業を、ということだったんですが、僕は数学のほうが得意だと言ったんです。そうしたら、数学の公開授業をやってみろ、ということになりました。

『これはめったにないチャンスだ！』、そう思って必死に準備しましたよ。それで公開授業の後、数日経って、『来年から東進の講師をやらないか？』と言われました。嬉しかったですねえ。

でも、家に帰って、いろいろと考えているうちに『本当に数学でいいんだろうか？』と思い始めたんです。僕はそもそも文系です。それでも、理系の範囲までしっかり終えてありましたし、受験生時代の成績はよかったという思いもありました。しかし、教えるとなったら、たとえば大学の数学科で専門的にやってきた人たちと戦って、果たして勝てるのだろうか？　東進のパンフレットを何度も何度も往復しながら、あの夜は一晩中考えました。

翌日、『現代文をやらせてください』とお願いしました。怒られましたよ～。『いったい何を考えているんだ！』って。『おまえが数学をやりたいというからやらせてやったんだろう』とも。そりゃ、そうですよね。それでも、現代文のほうがもっと自信があると説明したら、今度は現代文の公開授業をするチャンスをいただけたんです。

最初の公開授業のときよりも、ずっとずっと念を入れて準備しました。もしかしたら、一生で最も準備に時間を費やした授業だったかもしれません。

そして終わって教室から降りてきたら、ずっとモニターで見ていてくださった上の方が『林君、現代文で行こう！　来年は何曜日が空いているんだい？』、そうおっしゃってくれたんです。

その方は自身も教壇に立たれていたことがあるので、中身をわかってくださったんです。そして『こいつは、見どころがあるな』と。当時の南浦和校の責任者だったAさんには、今でも感謝しています。こういう方が責任者の立場にいらっしゃったこと自体が、僕は運が強いと思うんです。

こうした数学から現代文への転向を今振り返ってみると、当時から仕事は好き嫌いで選ぶものではないとは考えていたようです。やりたい仕事ではなく、やるべき仕事を、そして『勝てる』仕事を選ぶ。そんな感覚を持つようになっていたのは、やはりここまでで何年間も負け続けてきたおかげだと思います」

予備校講師のスケジュールと年収

――先生は日々、どんなスケジュールでお仕事をされているのですか。

「通常の予備校講師は、曜日ごとに校舎に赴いて、1コマ＝90分（予備校にもよります）の授業を1日に何コマか教えるという場合が多いです。僕の場合も、数年前まではそうでしたし、若い頃には1週間で30コマなんていうときもありました。ただ、今は少子化で授業数も減っていますから、よほどの人気講師でない限りそんなことはめったになくて、1週間に10～15コマくらいという人が多いのではないでしょうか。

東進の場合は、そもそも映像授業が中心ですから、この時点で他の予備校の講師とは違っています。収録はスタジオで行なわれますが、だいたい希望通りにスケジュールを組むことができます。やはり、朝早いのは嫌ですから、僕はいつも午後からの収録を希望することが多いです。あとは公開授業が全国で開催されます。これは、基本的には、1日1校舎で授業を1コマ行ないます。

あと東進には、東大特進コースが設置されていて、専用の校舎もあります。文字通り、東大を目指す生徒だけを対象に開かれているコースで、一部の講師のみが出講しています。最近では映像でも受講可能になってきたのですが、もともとは対面授業が原則だったんです。規模や対象学年をどんどん拡大しながら、現在では東京（2校舎）・大阪《おおさか》・名古屋の4ヵ所で行なわれています。

僕は名古屋に住んでいるので、収録も、公開授業も、東大特進も基本的にはホテルに宿泊しながらこなしています。だから昨年は、約200日ホテルに泊まりました。こんなに宿泊数が多い講師は、業界全体を見回してみてもまずいないと思います。

しかも、それさえ去年までの話で、今年（2013年）はもうメチャクチャ。このペースだと300泊を超えそうです」

――差しさわりのない範囲で収入などは。

「まあ、それなりにいただいている、というところでご勘弁を（笑）。ただ、僕たちがある程度いただけないようでは、業界としては魅力がないですよね。何しろ、保障も退職金も一切ない、腕一本で勝負する世界なんですから。なのに、今では若い講師の中にはワーキングプア級の人が多数いるんです。しかも、収入が大幅にアップしていくという見込みも小さい。僕らが若かったときは1コマ90分1万円からスタートしたのに、今はその半分以下に下がっているとも聞きます。そのうえベテランが既得権にしがみついて若い人たちのチャンスを奪っているのですから、今の若い先生は本当に可哀想です。

ただ、真の原因は少子化であり、そもそも大学に入りやすくなって予備校に通う必要性が低下していることにあるので、業界内だけで解決するのは難しいのも事実です」

東進ハイスクールはヤンキース

――東進ハイスクール自体はどんな校風の予備校ですか。

「ご存じのとおり、後発だったこともあり、チャレンジを続けてきた予備校だと思います。なかでも、第2章で少し触れましたが、映像授業は先見の明があったなあ、と思うんです。教えるということに本当に高い適性を持つ人は、実はごくごく少数です。ならば、そういう少数の講師だけを集めて、それで全体を運営できるシステムを作ったらいいだろうと考え、実際に作ってしまった、それが今の映像授業のシステムなんです。

僕も長年この業界にいて、多数の講師を見てきましたが、この人は素晴らしいなあと思う人は本当にわずかでした。適性、あるいは努力が足りないという人が圧倒的に多い。しかし、対面授業にこだわる限り、予備校側は人数を確保しなければならないんです。

その結果、さまざまなことが起きています。たとえば浪人部門の場合には『いい先生』のところに生徒が集中する、いわゆるもぐり（正規の受講生以外の生徒が授業にもぐり込み、聞くこと）の大量発生が常態化しました。これは今でも変わっていないようです。浪人部門では、同じ授業が複数設置されることが多いので、どうせなら『いい先生』の授業を受けたいと、生徒たちが予備校内を大移動するんです。一方、予備校側も、自分の管轄内での移動なので、よほどのことがない限り黙認することが多いんです。

そう言えば、僕が以前いた予備校の場合、浪人生の間に『ダイバーズ・マップ』なるものが流布していました。ダイバー＝潜り。そう、この先生のこの授業は、この校舎で何曜日の何時間目にあるぞ、と事細かに書いてあるんです。あんなものを作っていたら絶対に落ちるだろうな、と言いたくなるほどよくできていました（笑）。懐かしいなあ。今もあるかもしれませんね。

こういう現実があるんです。だとしたら、生徒がもぐってでも受けたくなるような講師だけを集めればいい、逆に生徒がどんどんいなくなってしまう講師は、その講師自身が予備校からいなくなればいい、と考えてもおかしくはありませんよね。その方が生徒のためにもなる。そういうコンセプトに基づき、厳選された少数の講師が授業を行なうというのが今の東進のシステムだと、僕は理解しています。個人的には好きですね」

――まさに弱肉強食ですね。

「それは否定できません。東進の場合、毎年毎年講師が減ってきたんです。パンフレットを年度別に見ていったらわかることですが、どんどん講師の写真が減っています。だから、昔のパンフレットを見ると、この人は今どうしているのかなあと思うと同時に、よく生き残れたなあという思いも生じて、なかなか複雑です」

――予備校業界の外資系みたいな感じですね。

「そうかもしれません。誰が言ったのかは知りませんが、〝東進ヤンキース〟とは絶妙なネーミングだと思います。名の売れた実力講師を、外からがんがん引っ張ってくる。生え抜きは、僕を含めてごく少数です。仲の良い鎌田真彰《かまたまさてる》先生（化学）や志田晶《しだあきら》先生（数学）も、駿台予備校や河合塾から引き抜かれてきた人たちです」

――そういう弱肉強食ヤンキースの中で生き残るための方策はなんでしょうか。

「ごく簡単なことです。いい授業をする、それだけです。妙なパフォーマンスなどまったく不要。生徒が満足し、受講したいと思い、受講したことで成績が上がったと実感できる授業をするだけです。

僕は世間的に『パフォーマンス』といわれているようなことが大嫌いなんです。パフォーマンスという言葉は、辞書で調べれば明らかなように、もともとは実績とか成果といった意味です。つまり、授業の内容こそが『パフォーマンス』であって、それ以外の『いわゆるパフォーマンス』と言われているようなことは、まったく不要なんです。プロ野球でも、妙なお面をかぶるなどして、見世物的なパフォーマンスをする選手がときどきいますよね。ああいうのは感心しません。パフォーマンスというのは、本業での実績、プレー内容そのものであるべきなんです。

だから、たとえばイチロー選手やダルビッシュ選手のような超一流の選手は、一切そういうことをしません。彼らの打撃が、投球が、つまりはプロとしての技術そのものが真のファン・サービスなんです。そういう考えですから、『いわゆるパフォーマンス』には目もくれず、授業という『パフォーマンス』を高めることだけをずっと考えてきましたし、今後も同様です」

必要な資質は、爆発的な学力とコミュニケーション力

——予備校講師に必要な資質を考えますと、なんでしょうか。

「まずは、担当科目についての爆発的な学力です。どんな優秀な生徒を目の前にしても、

自分の担当の科目だけは絶対に負けないことが必要です。それができないと、下位の生徒をごまかすことはできても、上位を含めたすべての生徒の真の信頼を得ることは困難だと考えています。生徒は、数多くの科目を、せいぜい3年間という期間の中で習得するのですから、たった1科目だけを、何年も何十年もやっている講師が圧倒できないようでは話にならない、ということです。

そして、コミュニケーション力。言葉は、本当に伝わらないものなんです。こちらの思い描いたイメージを言葉に変えて伝えるわけですが、どういうイメージが生徒の頭の中に広がるかは、実はわからないんです。同じイメージが広がってくれればよいのですが、それがなかなか難しい。

だから、普段から生徒をよく観察して、どういう言葉をどう使っているのか、どんなことが話題になっているのかを必死に探ります。彼らの頭の中のイメージの世界をなんとかつかんで、『伝わる』言葉を選んで、授業を組み立ててきました。生徒は毎年変わっていきます。それにつれて、頭の中のイメージの世界もどんどん変化していきます。その変化に食らいついて、『伝わる』言葉を選ぶことのできるコミュニケーション力は、この仕事には不可欠です」

――外見はいかがですか？

「とても大切です。なにしろ、内面よりも外見のほうがわかりやすいですから。外見で嫌われてしまうことは、そんなに珍しいことではありません。一番大切なことは清潔感を保つことです。

この点が不十分だと、特に女子生徒から『生理的に受けつけない』などと評価されることになるんです。そうなったらもう終わりで、そういう生徒は二度と教室に現れることはありません」

予備校講師に変人が多い理由

――予備校講師には、いわゆる変人と呼ばれる範疇《はんちゅう》の人が多い印象があります。

「変人というよりは、組織内の規律を守って会社員のような形でやっていくことが苦手な人たちが多いですね。規則に縛られずに済むからという理由で、この仕事を選んでいる人は多いと思います」

――超高学歴の人も多いですが。

「そうですか？　東大出の講師でさえそんなに多くはありませんし、ましてやハーバード大卒などという人には、いまだにお目にかかったことはありません。実際、大学時代の知り合いで、優秀だなあと思った人で、今、予備校業界にいる人間はひとりとしていません。また、ある大手予備校の中部地区校に一時期在籍していたことがあるのですが、東大出身者はほとんどいませんでした。自分の専門科目だけを研究し続ければいいので、本人の学歴はあまり関係ないということなんです。ですから、予備校講師が高学歴だなどという妄想は、直ちに捨ててください。

予備校講師になるのにはさまざまな理由があります。昔は学生運動崩れの方が多かったようです。派手に活動してしまったことで思想的に問題ありと判断されて、一般企業から締め出されてしまった。それで予備校に来たという人も多かった。こういう人は『アジ演説』（人をあおり、扇動するような演説）慣れしていますから、生徒を引きつけるのがうまかったんですよ。それで人気講師にもなれた。もっとも今では、高齢になったこともあって、このタイプは少なくなってしまいました。

ちなみに、僕はいろいろやらかして、それで仕方なく講師になったのですから、このタイプの亜流といってもよいのかもしれません。

今増えつつあるのが、塾や予備校の講師になりたいと、自ら志願してきた人たちです。若い先生に特に多いのですが、皮肉なことに、いい先生だなあと思う人は少ないですね。やはり、いろいろやらかしてきて、回り道を重ねてきた人のほうが魅力的な人が多いんですよ」

――そういう先生の方が、たくさんのエピソードがあって、生徒からも人気があることが多い、ということでしょうか？

「もちろん、全員がそうだというわけではありませんが。でも、『僕は人に教えることに生きがいを感じているんです！』といったタイプは、講義に魅力を感じない人が多いんですよねえ。力みかえって『伝える』ことに夢中になってしまって、『伝わる』かどうかを考えていない。自分の思い込みを生徒にぶつけても、伝わらないんです。それに気づいてほしいんですが、なかなか難しくて……。だからこの業界も、他の多くの業界同様に、後継者不足で、高齢化が進行しているんです」

授業は『商品』。品質管理に万全を尽くすだけ

――そうした中で林先生が選ばれた予備校講師というお仕事。これはどうお考えですか。

「好きになれませんねえ（笑）。できれば、ずっと原稿を書いていたいです。あるいは、講演会とか。

　実は今、本を書いてほしいという依頼を多数いただけるようになったんです。本当にありがたいことで、長年願ってきた状況がようやく実現した。しかし、その大半をお断りしています。なぜなら、予備校講師の仕事もありますから、なかなか書く暇がない。やりたいことをようやくやれる状況になったのに、思うに任せない。ところが、その予備校講師の仕事をきちんとこなしてきたおかげで、やりたいことができるようになったのですから、それを放り出すわけにはいきません。

　だからジレンマを感じているかというと、そうでもないんです。こういうときに、これまでの『足場』を放り出して、新しいオファーに飛びついた人間の失敗を、歴史の中で多数見てきましたから。こういう状況だからこそ、自分をずっと支えてきてくれた予

備校講師という『足場』をさらに固めなければならないと思っています」

――予備校講師の仕事は林先生にとって「天職」であったりはしないのですか。

「そんなことも思ったことはないです。いろいろとやってみたけれど、失敗を重ねただけで、他に向いているものもなかった。そうやって可能性を消していく中で、唯一残った、適性を感じて実際に結果を出せているこの仕事を淡々とやっているだけです。でも、仕事ってそういうものではないですか？」

――ですが、先生の授業は生徒から多くの支持を得ています。仕事の喜びは？

「う～ん、やっぱり、ないなあ」

――えっ、「ない」んですか？

「喜びや満足感を求めてやっているわけではありませんから。自分がもらっている報酬に対して責任を果たせたかどうか、ただそれだけです。そして、責任を果たせたと思えたときに、多少ホッとするという部分があるだけです。

『先生のおかげで合格しました！』とお礼を言われて喜んでいる講師を見る場合もなくはないのですが、我々は基本的に複数の受験科目のうちのたった1科目を担当しているだけです。それだけで生徒が受かることは、まずないと言っていい。確かに、教えた科目の成績は上がったかもしれないけれども、他の科目も全部揃ったから合格に至ったというのが現実です。結局、生徒の合格に対して何パーセントかの貢献はしたかもしれませんが、しょせんそのレベルの話ですから」

――クールですね。そこまで言い切られてしまうと。

「そもそも、我々の授業は『商品』です。生徒はお金を払って買っているんです。頭痛に効くという薬を買って、頭痛が治ったからといって、買った人はいちいち製薬会社にお礼に行きますか？　同じことではないでしょうか？　頭痛が治って当たり前、生徒が受かって当たり前。講師としてそこに喜びを感じるという感覚を持つことは、僕にはどうしてもできません。

授業は『商品』であり、我々はその品質管理に万全を尽くす、ただそれだけです。あえて繰り返せば、仕事は趣味ではない。だから、お金を払ってくれた人に対して責任を果たせたかどうか、そしてそうやって責任を果たした自分にプライドを持てるかどうか、それだけでいいと思っています。喜びや楽しみは、趣味の世界に取っておきます」

――今、お話しいただいたように、林先生は非常にクールに職務を遂行なさっているという印象を受けます。しかし、熱血学園ドラマみたいにもっと熱い講義を求める声はないのですか。

「そういうのを目指している講師もいます。けれども、僕はサービス業として、サービスを提供することだけを考えています。その割には僕の授業は熱いと言われますが(笑)。でもそれは自分の仕事を忠実に果たしていて、その結果熱く見えるだけで、いつも冷静ですよ。『俺についてこい。俺についてくれば大丈夫だ』なんて、これっぽっちも思ってはいないし、言いもしない。僕自身が、そういう先生が大嫌いでしたから」

予備校講師としての責任のあり方

――お金を払ってくれた人に対して責任を果たすのが仕事である、という先生のお考

え は理解できました。では、生徒に対する予備校講師としての責任については、具体的にどのあたりにあるとお考えですか？

「基本的には、３つの観点から考えています。

まず第一に、現代文がいかなる科目であるかを正しく伝えることです。そんな馬鹿《ばか》なとおっしゃるかもしれませんが、この科目がどういう科目であるのか、この科目の本質はどこにあるのかが、驚くほど世の中に伝わっていないんです。だから、僕はまずそれを伝えます。具体的な内容は授業でしか伝えられないとは思いますが、あえて簡単にまとめるならば、

『筆者というひとりの人間が伝えようとしていることを、出題者というもうひとりの人間と、同じわかり方ができるという証拠を、出題者＝採点者に提出する科目である』

ということになります。筆者はプロの物書きであることが多く、そうしたプロには、プロの『伝え方』があります。受験生は、それにまず慣れなければならない。そして大学教授という出題者は、そうしたプロの『伝え方』で伝えられた、一番大切なポイントを瞬時にわかってしまう人たちです。この文章で言いたいことはこういうことね、と。

そう、現代文は『伝え方』と『わかり方』の科目なんです。出題者と同じ『わかり方』ができると、得点という評価につながるんです。こういう関係性を正しく理解して

いる生徒がほとんどいないのが現状なので、それをまず伝えます。そうすると、灘や開《かい》成《せい》といった進学校の優秀な生徒でさえ、『こういう科目だったんですね』と深い感慨をもって受け止めてくれることが多いので、本当に現代文という科目は正しく理解されていないんだなあ、と痛感するのが常です。

2つめは、今言った現代文という科目の本質を踏まえたうえでの、実際の試験における点の取り方を伝えることです。生徒から見れば、このことのために予備校に通うのですから、一番重要な任務かもしれません。全力を注いで生徒の得点力の向上に努めます。

ただ、現実には、こちらが驚くほど目覚ましい向上を示す生徒がいる一方で、そうならない生徒もいる。現代文という科目は、たとえば高3で僕の授業を受けたとすると、そこまでの17年ほどの人生で、どう考え、どう言葉を使ってきたかにどうしても影響されてしまうので、高3の1年間だけでは、時間的に足りないということはどうしても起きてしまうのです。本当は僕の授業を受けた生徒全員に成績アップしてほしいのですが、現実的にはなかなかそうなってはくれません。

となると、そういう生徒たちに対しては、明確な根拠を示しつつ、同じ時間を他の科目に回すことの有効性を伝える場合もあります。無責任だとおっしゃる方もいるでしょうね。ただ、生徒の目標は、全科目できるようにすることではありません。あくまでも、自分の志望する大学に受かることなのですから、伸びやすいところを伸ばして、トータルで合格点が取れればいいんです。

現代文に時間を使いすぎないようにというアドバイスも常々しています。特に国公立大学の入試は科目数が多いので、全体の中に現代文を位置づけて、トータルな視野の中で勉強を進めるように、と。時間は絶対に足りないんです。全科目を完璧に仕上げようとしたら、間違いなく破綻《はたん》します。だからこそ、我々は自分の担当する科目をやりすぎないように、全体のバランスを取ることの重要性を絶えず生徒に自覚させる必要性があると思うんです。これが3つめの責任であると考えています」

――多角的な対応で、真の優しさを感じます。

「どうでしょうかね。全員ができるようになるわけではないので、次善の対応をしているだけかもしれませんよ。でも実際には、僕の授業を何回か受けた生徒のアンケートのコメントに『授業ありがとうございました。英語と数学の勉強時間を増やします！』というのが出てくるんです。そういうコメントを書く生徒は、やはり志望校に受かります。

そういうコメントは、

① 授業を通じて、現代文がどういう科目であるのかはわかった。

② それと同時にわかったこととして、同じ時間を他の科目に投資した方が、大きな効果が期待できそうだ。

↓

③ ならば、現代文の勉強は最少に抑えて、他の科目に傾斜的な時間配分を行なえば、結果的に合格に近づくであろう。

↓

といった認識を経てのものだと思うんです。それはそれで、僕の授業に意味はあると考えてもよいのではないでしょうか」

――そうしたお気持ちで講義をされている林先生の生徒さんの中に、「英語と数学の勉強時間を増やします」どころか、「そもそも現代文なんて学ばなくても大丈夫だ」とまで言う生意気な生徒さんはいたりしますか。

「いますいます。さらには、『先生の答えは間違っています！』と言ってくる生徒までいます。でも、そういう生徒は大好きです。たいていは生徒の理解不足なんですが、本当にごくまれに、生徒のほうが正しいというときもありました。そんなときに『こういう質問があって、その生徒の言うとおりなので、こういうふうに訂正します』とやったことが、以前はありました。そこはごまかしません。正しいものは正しいんですから。ただ、そんなことが起きないようにとずっとやってきたので、最近ではほとんどなくなりました」

現代文はすべての教科の原点か

――先生の担当教科である現代文ですが、すべての教科の原点と考えていいのでしょうか。

「よくそういう言い方をされるのですが、僕はそう考えてはいないんですよ。だいたい、そういう言い方をすると、現代文が一番偉いみたいに聞こえてしまう。そうではなくて、現代文は必要条件にすぎない、と捉えるべきではないかと思うんです。つまり、大学の勉強をするにあたって、どんな分野であれ、ある程度論理性の高い日本語がわからなければ話にならない。だから、現代文ができるから素晴らしいのではなく、できなかったら大変なんだ、そう認識しています。

東進の化学の鎌田先生が時折おっしゃるのですが、入試問題を見ながら『この日本語がわからないから解けないという生徒が多いんですよ』と。確かにそのとおりで、その日本語がわかることが、化学という、およそ現代文という科目からはかけ離れたところにあるように思われる科目の問題を解く際の必要条件にはなるかもしれません。でも、それはあくまでも必要条件で、化学の問題を解くには、やはり化学を勉強しておかねばならないんです。

結局、現代文の力は必要条件ではあるが、それ以上のものではない、これが正しい理解ではないでしょうか？　だから、現代文がすべての科目の基本だという認識には、僕はどうしても思い上がりを感じ、違和感を抱いてしまうんです。

基本的には現代文の学習は、現代文で点を取るために役立つにすぎない。ただ、そういう訓練を通じて、概念的思考力のレベルが上がり、結果として他の科目に好影響をもたらすことはあります。でも、そういう派生的な効果は現代文に限ったことではないと思うんです。1つの科目で一生懸命頭を使うことは、どこかで他の科目に好影響を与えるんです。

そんなわけで、僕には現代文がすべての科目の基礎だという考えはまったくありません」

メディアに出まくる意図は？

――話題を変えます。２０１３年、林先生は大ブレイクしました。きっかけは東進ハイスクールのＣＭに出られたことかと思います。

「そうですね。最初にあの『今でしょ！』という言葉を言ったのは、２００９年夏の『高２東大現代文』だったそうです。どうしてこういう言い方をするかというと、実ははっきり覚えていないからです。マスコミに問われて、ネットを調べたら『京大現代文』と出ていたんで、最初はそう言っていたんです。そうするうちに、あるマスコミの方から『間違いありませんね。正確にお願いいたします』と言われたので、テキストを確認したんです。そうしたら、あのＣＭのような問題はない。慌てて、いろいろなテキストを調べまくりました。結局わからずに、ＣＭを作った広告代理店の方に伺って、ようやくわかった。まあ、それくらい言った本人にとっては記憶になかった言葉なのに、その言葉のおかげで今の状況がある。本当に『人生不可解なり』ですよ。

そんな話はさておき、『今でしょ！』は東進のＣＭとしては２０１０〜２０１１年の２年間使われたんです。多少は反響がありましたが、いくつか深夜番組等のオファーをいただいただけで終わってしまった。『今でしょ！』を僕がどこで言ったのかを教えてくれた広告代理店の方は、僕をローカル番組に使わないかとテレビ局に申し出たところ、『そいつは誰だ？』とあっさり断られたとおっしゃっていました。そう、その程度のものだったんです。そして、2012年のCMでは、セリフが変わったんです。これで終わったな、1つの言葉で何かを変えようなんて甘い甘いと大反省。僕自身が『今でしょ！』をきれいに忘れて過ごしていたんです。

ところが、2012年の秋にトヨタさんのCMに使いたいというお話が舞い込んだんです。もっとも、候補の1つというお話でしたから、選ばれないだろうなと思いつつ、でも万が一選ばれたらすごいなあと思って見守っていたんです。そうしたら、採用されたと。驚きましたねえ。

2013年1月から、いよいよオンエア開始となりました。それに合わせて、東進のCMも『今でしょ！』バージョンに戻してくれたんです。だから、2本連続放送のコラボなんてことまで実現して、インパクトはかなり大きかったようです。

こういう流れの中で、『金スマ（中居正広《なかいまさひろ》の金曜日のスマたちへ）』『ネプリーグ』『笑っていいとも！』などに次々と出演させていただきました。

当初は『今でしょ！』だけで出していただいていたといってよいと思うんです。大きな転機となったのが、2013年6月に出演させていただいたフジテレビの『あすなろラボ（テレビシャカイ実験　あすなろラボ）』だったのではないでしょうか。『勉強が嫌いで、あまり学歴のない、しかし迫力に満ちた若者たちに僕が授業をして、彼らのやる気を引き出せるか？』という企画だったんです。その番組で、世間の僕を見る目が大きく変わったような気がします。

『ああ、林という男は、こんな言葉を使って、こんなふうに人に語りかけるんだ』という印象が広まったようで、それ以後、テレビに呼んでいただくと、そこに黒板やホワイトボードが用意されていることが多くなりました。

転機となった『あすなろラボ』ではその後も、子育てに悩むお母さんや、肥満に苦しむ方などを相手にした『授業』の企画を用意してくださったんです。これらの番組を見たとおっしゃってくださる方が、本当に多いんですよ。小さなお子さんから、お年寄りまで。先日も、入院中の86歳の方から『あの番組がよかった』とお手紙をいただいたくらいですから」

――先生は連日テレビ番組やＣＭに出演しています。その意図には何かあるのでしょうか。

「予備校業界というのは、あまりにも狭い世界なんです。しかも、生徒という自分よりも力のない人間を相手にずっと同じことを続けていく仕事でもある。ここにいたら成長できないな、どんどん衰えるばかりだな、という思いをずっと抱えて生きてきました。でも、そういう感覚を持った尊敬できる講師は本当にわずかで、そんなことにはまったく無頓着《むとんじゃく》で、ただただ自慢話や昔話を延々と続ける講師のほうが圧倒的に多い。さらに、そういう人の多くが、生徒に『伝わる』言葉を発することができなくなって消えていきました。そういう光景を見ながら、ずっと『なんとかしなければ』と思っていたんです。

人間は自分よりも上の人間と切磋琢磨することで成長するものです。逆に、自分より下の人間を見ていると、俺って偉いだろうと錯覚しかねないんです。教える立場にいる人間は、少なくとも学力面では自分よりも圧倒的に下の生徒を相手にしているのですから、いつもそういう危険について自覚的でなければならない。

そんなときに、テレビ出演のお話をいただいた。収録に行ってみると普段の仕事では絶対に見ることのないような人がいて、聞いたことのない言葉が飛び交い、想像さえしなかった体験ができる——楽しくないわけがありません。

特に心地よかったのが『下っ端《ぱ》の感覚』です。予備校業界ではCMにも起用されているように、『上』のポジションを与えられてしまっています。ある程度希望も通るし、スタッフも気を遣ってくれる。しかし、たとえばテレビのバラエティ番組に行けば、僕は一番の下っ端です。一方で、共演させていただく芸人さんたちは圧倒的な実績を持っている。向こうは大将で、僕は足軽。この『足軽感覚』がとても心地よかったんです。一番下のポジションということは、一番期待もされていないのに、人のものを吸収する余地が一番多く残されているということです。一番成長可能なポジションなんです。ねっ、楽しいでしょう？　予備校業界でも、かつては『下っ端』だったのに、いつの間にかそのことを忘れていたんです。そんなふうに自分を見つめ直すことができたんです。さらに、実は講師の仕事とは共通点が多いことにも気づきました。テレビ番組も授業も、マイクをつけて、カメラの前に立ち、『伝わる』言葉で語りかける。『どこが違うか？　同じでしょ！』と言いたくなりますよ（笑）。

結果として、今まで会ったことのない人たちとの出会いの中で、予備校業界にいてはまったく得られなかったものを得られました。久しく忘れていた『足軽感覚』まで回復しながら」

――実際に世界は広がりましたか。

「広がりましたね。世の中にはさまざまな人がいるという当たり前のことを、今さらのように再確認しました。それにつれて、視野も広がりました。ついでに、話術のレベルアップも図れたのではないかと思っています。これだって、テレビ界の方からさまざまな技術的なことを教えていただいた結果です。

でも、こうしたことが実現したのは、本当に『運』のよさのおかげだという意識も強いですね。自分でも忘れていた『今でしょ!』、東進のCM、トヨタさんのCM、さまざまなテレビ番組、そして『あすなろラボ』……。こんなふうに次々とチャンスをいただけるとは、僕は本当に運が強いなあと。

ただ、その際に『縁』を大切にしてきたのも確かです。『あすなろラボ』の話だって、いきなりきたのではなく、その前からのつながり、すなわち『縁』を大切にしてきたからこそ実現したことです。そして、こんな素人《しろうと》にチャンスをくださったことに『恩』を感じ、その『恩』に報いたいという思いでやった結果が、あの番組なんです。

こんなふうに、『運』『縁』『恩』の大切さをかみしめることができたことが、テレビに数多く出していただいたことの最も大きな意味なのかもしれません。

——なるほど。林先生は、マスコミの人たちとの接触を通じて、自分を見つめ直すことができたということなんですね。

「少なくとも、自分ではそう思っています。だから、批判があることを承知しつつ、テレビ出演のオファーは、可能な限りお受けするようにしているんです。まだまだ、成長したいですから。

教える立場にいる人間が成長しにくいことを、別の角度から見てみましょうか。時間には『直線的時間』と『回帰的時間』がある、といったことをいろいろな学者が述べていて、入試現代文にもしばしば登場します。

たとえば小学生の学年が1年生、2年生と上がっていく、これが『直線的時間』です。一方で、農業は、春に田植えをし、手入れをし、台風をやり過ごして、秋に収穫を迎える。翌年もまた春には田植え、秋には収穫、こんなふうに同じことを繰り返していく、これが『回帰的時間』です。実は学校の先生や我々予備校の講師もこの時間の中で生きているんです。春に新学期が始まり、夏期にはこれをやって、2学期はこう。受験生を送り出すとまた新学期が始まってという感じですから。

もちろん、『回帰的時間』は『直線的時間』よりも劣ると言っているわけではありませんから、くれぐれも誤解しないでくださいね。同じことを同じように繰り返す努力は、実に尊いことです。しかし、よほど自覚していないと、成長を阻む時間であることもまた事実なんです。

このことは、僕自身も現代文という科目を教えていて知ったことです。現代文という科目をしっかり勉強すると、こうやって自己認識の支えにもなってくれるのですから、現代文もそう捨てたものではないでしょう？（笑）」

——連日メディアに出演された結果、もはや日本人で林先生のことを知らない人はいないくらいの状況かと思います。有名になられて、授業や私生活への影響はありますか。

「自由を失いましたね。『何かを得ることは、何かを失うことだ』と痛感しています。休みはほとんどありませんし、食事中にも声をかけられますから、落ち着いて食べてもいられない。この間など、移動中に疲れ果てて寝ていたのに、知らないおばさんに叩き起こされましたし。

ただ、自分で蒔《ま》いた種であることも間違いありません。『しかも、喜んで蒔いたんでしょう?』と、ある知り合いに言われましたが、そのとおりですもんね。ときに、無理しているなあと思いつつも、やるとできてしまう。結局、無理できる無理は、無理ではないんですよ。それに、こんな状況はいつまでも続くはずはありませんから」

影響を受けたのは村上陽一郎《むらかみよういちろう》先生

——常に刺激を受けることを望まれてきた林先生ですが、これまでに影響を受けた方

や恩師はいらっしゃるのですか。

「いい先生に恵まれてきたと思います。特に印象にあるのは、大学で出会った村上陽一郎先生です」

――村上先生は科学史の大家ですね。第２章で、説の引用もさせていただきました。具体的にどのあたりに影響を受けられたのですか。

「聡明《そうめい》な人の頭の使い方、日本語の使い方、文章の書き方といったことを学びました。こう考え、こう話し、こう書く、そういった、一番の基本の部分で学んだことが多いです。先生の突き抜けた聡明さが手に取るように伝わる文章が、実に心地よく、ほぼすべてのご著書をむさぼり読んだものです。影響は多大で、僕の書く文章に表れている先生の影響が、わかる人にはわかると思います。特にカギ括弧の使い方あたりに（笑）。

今だから告白しますが、学生時代、僕は先生の授業を登録もしないで、勝手にいくつも聴講していたんです。当時の駒場《こまば》キャンパスは、そういうところがゆるかったですから。すごい先生がいるなあ、と思って本も何冊も買いました。でも一方で、こうも思っていたんです。『なんで科学史なんだろう？』と。

こんなことを言うのもなんですが、大学にはいくつもの分野がある中で、科学史はメジャーとは言いがたいと思うんです。それを、先生はあえて専攻していらっしゃる。もちろん、先生は純粋な学術的好奇心から専攻されたんだと思います。にもかかわらず、僕は、あれほど優秀な方が、あまりメジャーとはいえない分野をあえて専攻したという生き方そのものの問題として、つい捉えてしまったんです。こんな勝手な解釈を先生がお聞きになったら、きっとご気分を害されてしまうでしょうから、本来は内緒にしておくべき話なんでしょうね。

僕は勝手にこう解釈していたんです。あれほどの優秀な方が、あまりメジャーでない分野で勝負すれば、圧勝するに決まっている。これこそ『孫子《そんし》の兵法』の『勝ち易きに勝つ』ということではないかと。それで、さらに自分勝手を重ねて、僕は東進に数学で採用されながら現代文に転向しようと決意した際に、真っ先に先生のことを思い出したんです。

入試においては、英語や数学は主要科目と言われていて、講師としても花形で『つわもの』も集まります。それに比べれば、現代文はやはりマイナー科目で、『激戦区』からはほど遠い。よし、現代文にしよう、僕はそう判断したんです。

恥ずかしいほど自己中心的な、ご本人を不快にさせかねない解釈ですが、学問の枠を超えて生き方そのものに（勝手に）影響を受けた恩師として、僕の中の村上先生は、これ以上なく偉大な方なんです。

実は、村上先生の文章をもとに問題を作って、毎年、夏の東大特進のクライマックスで使っているのですが、生徒にも先生の聡明さがしっかり伝わるんです。『村上先生の本が読みたくなった』という生徒が毎年、少なからず現れます。そんな生徒は、たいていちょっと興奮しているんです。真に知的好奇心を喚起されると、人は興奮せずにはいられないんです。

僕自身が経験したそうした興奮を、若い世代にも伝えているとしたら、多少は先生に恩返ししていることにはなりませんかね？　それで数々の非礼を許してもらおうというのは、甘いかなあ（笑）」

志望校合格を果たした生徒にかける言葉

――話を予備校に戻します。３月。真剣に努力を重ね、無事に志望校への合格を果たしたたくさんの受験生が、林先生のもとへ合格の報告とそのお礼に殺到します。そうした生徒さんたちを見て、何を思い、どんな言葉をかけてあげるのですか。

「僕はそういう生徒はあまり好きではありません。

いろいろ理由はありますが、まず生き方が後ろ向きである点を挙げることができます。お礼に来たいというような生徒は、そのほとんどが自らの志望を実現した、いわば受験における勝者です。そういう生徒にとって、予備校は実に居心地のよい、思い出の場所なんです。知り合いのスタッフと再会して、『よかったわね。おめでとう！』とも言われる。嬉しいかもしれませんが、それは受験で勝利した自分を嚙みしめる行為なんです。もしかしたら、『僕はこんなにいい大学に受かったんです』という気持ちを潜ませた、つまり、お礼を隠れ蓑《みの》にした自慢であるときすらあります。それは極端だとしても、いずれにせよ、過去を懐かしむ、後ろ向きの生き方です。もう新生活は始まっているんですから、さっさと前を向いて進んでいくべきです。過去の栄光を振り返って嚙みしめる時間は、ムダ以外の何物でもありません。

自慢は人生最大のムダです。しかもまだ若いのですから、自分の過去の充実を振り返って自己満足に浸る必要もないでしょう。

それでも誰かにお礼を言いたいのであれば、我々の授業という『商品』の購入を可能にしてくれた人、それだけでなく、ごはんを作ってくれて、洗濯もしてくれて、お風呂《ふろ》も沸かしてくれた、つまりは日常をしっかり支えてくれた人であるご両親にお礼を言えば十分です。

新たな、しかもハイレベルな戦いがすでに始まっているのですから、過去を振り返ることなく、前を向いてずんずん進んでいってほしい。合格した生徒に思うことはこういうことです」

――一方で、残念ながら受験で満足な結果を残せなかった生徒も少なからず生まれます。こうした生徒に、林先生はどのように接するのでしょうか。

「前述のように東大にすら相当入りやすくなっている今、不合格の原因のほぼすべてが、勉強不足に尽きます。大学側が『出直してきなさい』と言っているのですから、ハイと素直に受け止めてもう1年頑張るか、少しランクを下げて、大学生活をスタートさせるかのどちらかです。落ちて、僕のところに相談に来るような生徒がいれば、そういうことを伝えます。もっとも、僕のところに来れば、傷口に塩をすりこまれるようなことになると察知して、最近ではほとんど来なくなりましたね（笑）。

なぜ勉強不足に陥るかといえば、携帯電話、それにネット&ゲーム……これらに時間を投入してたら、どう考えたって勉強時間は不足します。こういったものは、僕らの受験生時代にはありませんでした。だから、時間を奪われることもなかったわけで、これを我々の幸運と捉えるべきか、それとも今の受験生の不幸と考えるかは、人によって分かれるでしょうね。

それでも、今の受験生のほうが勉強に集中するのに、より強い自制心が求められるという事実を否定することはできないでしょう。

だからと言って、時代のせいにするのもいかがなものかと。同じ時代状況で、しっかり結果を出しているライバルが多数いるのですから。

彼氏、彼女は持つべきか

――厳しい受験生時代は、同時に異性への関心が高まる年頃でもあります。受験生時代には彼氏、彼女は持つべきでしょうか。

「率直に言えば、持たない方がいいですよ。特に男子は。女子は、どこかで冷静に計算している部分がありますが、男子は本当に舞い上がってしまいますから。多くの『カップル』を見てきましたが、女子だけが受かったというケースが圧倒的に多かったです。それに、そもそも人生には、禁欲を貫くことで成長できる時期があると思うんです。そしてそれが受験期であるとも。

しかし、『異性を好きになるな』と言って、好きにならないで済むものでもありませんからね。

ならば、どう考えるべきなのか？　どうしたって恋人との楽しい時間が増えれば、勉強の時間は減ります。ここには単純な反比例の関係しかない。この事実は否定しがたい。

しかし、受験時代に人生における最大の出会いがないと言い切ることもできない。その人とともに歩む人生を得ることが、人生最大の価値であるなら、大学のランクが多少下がっても、仕方がないし、たぶん後悔することもないと思うんです。

結局、恋愛から得られる幸せと受験から得られるそれとを、トータルで判断するしかないんですよ。正解は何年も経ってからしかわかりようのない、大変な難問なのかもしれません」

友達は少なくていい

――ここまでのお話で、林先生は自らにも他者にも厳しい姿勢を保ち続けてきたことがわかりました。そこで大変失礼ながらお尋ねしたいのですが、林先生には友達はいらっしゃるのでしょうか。

「友達は少ないですよ。でも、そもそも必要ですか？　家族がいればいい。僕は結婚もしているし、両親もいます。あとは、仕事関係のつながりがしっかりしていれば、それで問題はないです。

僕は授業でも、友達は少ない方がいいと言い続けてきました。それでもごくたまに、間違ったことを言ってはいないかと多少疑念を抱くときもあったのですが、先日、あるバラエティ番組のリハーサルのときに、大御所タレントの方がこうおっしゃったんです。

『友達はいらない。ひとりで生きていかなければならないんだから』

これを聞いて、意を強くしましたね。やはりそうなんだな、と。

やめたらいいのにと思う付き合いは、男に多い、学生時代からの気の許せる仲間たち。建設的な話をする仲間ならいいんですが、そういう集まりは非常に少ない。圧倒的に多いのは、『いつもの店で、いつもの仲間と、いつもの話』……男は、本当に、同じ話を何度も何度もするんです。でも、そこから生まれるものは何もない。そういう馴《な》れ合いのぬるま湯から飛び出せば人生は変わっていくかもしれないのに、居心地のよさを放棄できる人は少ないんです。

一方で、充実した人生を送っている人は、こうした馴れ合いを嫌います。たまに会って『おう、頑張ってるか』『ああ』、これで終わり。お互いに充実しているのがわかるから、余計な言葉はいらない。真の友人とは、あっさりとした付き合いではあるが、実は深く理解しあっている、そういう関係なのではないでしょうか？

友達が少ないことによるさらなるメリットとして、ひとりになって、静かに考える時間が得られるということも挙げられます。そもそも30人か40人のクラスに放り込まれて、その中に真に仲良くなれる人がいる方が奇跡だとは思いませんか？　そういう人に出会えれば幸運ですが、そうでなくても当たり前のことが起こっただけです。そして、ひとりの時間を楽しめばいいんです。

詩人の茨木《いばらぎ》のり子さんの作品に『一人は賑《にぎ》やか』というものがあります。

一人でいるのは　賑やかだ
賑やかな賑やかな森だよ
夢がぱちぱち　はぜてくる
（以下、省略）

『おんなのことば』（童話屋の詩文庫）より

ひとりの時間は、空想が広がる、とても豊かな時間です。この詩を読めば、ひとりでいることの素晴らしさを、多少はわかっていただけるのではないでしょうか？

あるいは、芥川賞作家の西村賢太《にしむらけんた》さんも、テレビで『いらないものは小・中学校時代の友人』と言っていました。しかも西村さんは中卒で、高校や大学には行っていない。つまり、友達ゼロ。素晴らしいじゃないですか」

受験を経ないで大人になるのはいいことか

――今後、受験を経ないで大人になる人がさらに増える時代が来ることが予想されます。これに対してはどうお考えですか。

「最初から言っているように、別に全員が受験をする必要はない。何か打ち込むことが見つかっている人にとっては、受験は不要です。しかし、そういう人は少ない。とすれば、そこに受験の意味を見出すことは可能でしょう。10代のうちに自分の人生に真剣に向き合うことを可能にする1つの制度である、と。

受験勉強で得た、入試で点数を取れる能力は、今後の人生で1回も使うことはないかもしれません。けれども、16歳から18歳にかけての時期に、1つの目標に向けて、欲望を抑制しつつ、結果を出すことができたとすれば、それは一生の自信になりえます。

『オレはやればできる』と自分をごまかす生き方は、みじめです。

一方で、どんなことであれ、実際にやって結果を出したことから得られる自信は確かなものです。

まだまだ狭い世界に生きている高校生にとって、受験がその役を果たしてもいい、そう考えています。そういうわけで、受験は人生にとってそう悪いものでもないかな……

これが結論ですね」

スペシャル対談

灘校・英語教諭

木村達哉先生 × 林 修

「勉強する目的とは何か」

本書の巻末企画として、数多くの
人材を輩出する灘校で英語教諭を
日本の英語教育についてさまざまな
を続ける木村達哉先生との対談が
学校と予備校、それぞれの立場から
験論」がぶつかり合う、激突 120

「ダイバーシティ（多様性）」がないと、日本は失敗する

林　このたびは、お忙しい中ありがとうございました。受験をテーマにした対談ということで、教育現場で今話題や問題になっていることをお話しいただければと思っています。

木村　笑わせてナンボってことで、楽しくいきましょう。

うちの学校（私立灘高等学校）にＴｅｈｕ《てふ》っていう生徒がおるんです。今年高３で僕のクラス。で、中３のときにｉＯＳのアプリを作って、ダウンロード数世界第３位。３億人がダウンロードしたとか。それで、この前も東大や東北大で高校生の分際で大学生相手に講演したり本を出したり会社作ったりして、今や超有名人です。今、毎週、土日はどっかの会社の社長とご飯食べたり。この前『ホリエモンといっしょなう』っていうメールが来て、そんなことばっかりしとるんです。

林　面白いですね。

木村「おまえ、絶対に酒飲むなよ」って言っています。Ｔｅｈｕは最初、東大行くっ

て言うとってたんですけど、今は受験しないと決めたんです。あるときメールをしてきて「東大に行っていろんな先生の話を聞いてきたけれども魅力を感じない。むしろ慶應《けいおう》SFC（湘南藤沢《しょうなんふじさわ》キャンパス）の話を聞いて、自分のやりたいことやなって思ったけれども、灘的には東大に行ってほしいですか？」と。で、僕が「すいませんが、東大の入学者数うんぬんていうのは僕はまったく興味がない。自由に生きろ」と答えたら「よかった～」って。

あと、卒業生なんですけど三井《みつい》（淳平《じゅんぺい》）という生徒がいて。彼は在学中は野球部にいて、東大に行ったんです。ですけど、実はレゴがすごくって。ネットで「三井　レゴ」で検索すると出るんですけど、すでにレゴ協会の認定プロビルダーとして世界何人かの中に入っているんです。

林　もう、それで生きていけますよね。

木村　そうそう。灘におるときから文化祭で、普通はクラブ単位で発表があるのに、三井だけは独立した「三井の部屋」があった。そこにレゴだけで法隆寺とかを作って、それを展示しとったんです。

何が言いたいかというと、英語で「ダイバーシティ」っていうんですけど、多様性というかいろんな子がいていいと思うんです。たとえば、イチローとかダルビッシュは大学に行ってませんよね。でも、世界を相手にものすごい成績を残している。けど、今の日本で認められるのは受験で成績の高い子ばっかりになっている。日本の場合は「いい子」っていうのは勉強ができて東大行くような子のことだけを指すようになってる。これは問題じゃないかなあと。子どもたちにはなんらかの試練はきちんと与えんといかんのですけど、その試練にはいろんなオプションがいっぱいあるべきとは思っています。

林　それは、社会が物差しをもっとたくさん用意しないといけないってことですよね。いきなり意見が合って、結論が出ちゃいました（笑）。

木村　確かにうちの学校は、進路としては東大に進む生徒が多いです。けど、今は進路も少しずつ多様化してきて、東大よりも海外に目が行きつつあるんです。最近はハーバード大を目指す生徒が多いです。

林　海外に目が向くのはいいことですね。

木村　だから、Ｔｅｈｕもたぶん、どこかでアメリカに行くやろうな。

林　それがたぶん、一番いいでしょうね。僕も数年前に生徒から「東大と北京《ペキン》大学の両方に受かったけど、どっちがいいか」と聞かれて、北京大学がいいんじゃないかと言って、その子は北京大学を選んだことがありました。

木村　あと、うちのクラスの生徒が今ひとりインドにいるなあ。高2が終わって、今インドにおって、インド工科大の入学を目指してインドで勉強しとるんですけどね。

林　灘も東大以外のいろんな進路の生徒がいますね。僕がこの本で提案しているのが、既存の大学を見直して、国立映画大や国立写真大を作ったらどうかということなんです。当然、レゴ大学もあってもいい。ともかく、社会がいろいろな物差しを用意しなければいけない時代がきていると思うんです。

木村　そうそう。結局そうでないと、日本のように人的資源しかない国は失敗すると思いますけどね。

世界のためになる生徒には飛び級を

林　受験の問題でもう1つ僕が必要性を痛感しているのが、飛び級です。

木村　それはやらないとダメですよ。今、その制度がないのは、結局、学校の先生がやりやすいように学校を作っちゃっているという、ただそれだけの理由なので。だから、優秀な子はどんどん上がっていけばいいと思うけど。

林　東進の東大特進コースには木村先生が勤めていらっしゃる灘の生徒さんも結構来てくれるし、実際に理Ⅲに進学する子が多いですよね。で、理系の子に聞くんです。もし制度が変わって、理Ⅲは今までどおりだけど、理Ⅰ、理Ⅱは高2でも受けられる、つまり1年早く行けるようになったらどうする、と。みんな、結構迷ってますね。

木村　できる子は結構できるから、そうなるでしょうね。まあコミュニケーション能力だけが問題やけど、それでも本来的には国がもうちょっとそういうシステムを作って、やったほうがいいですけど。

林　大学生のよさって、無責任でいられることにあると思うんです。それに今は覚えなきゃならないことが山のようにある社会になっているのに、そこへ学生を送り出すのを急がせすぎるのはどうかなという思いもあるんです。でも、それは普通の学生に対してであって、トップ層の、特に理系の学生には一刻も早く質の高い刺激を与えることも必要だと思うんです。

木村　そうやね。この子らは大丈夫という層。Tehuみたいな連中ね。そりゃあ絶対に国のために戦力になるし、もっと言うと世界のためになる。彼らまでデビューが遅れるという部分はなんとかしなきゃということはありますよね。

林　僕の知り合いの東大内部の人間の意見としても、やっぱり18歳で、たとえば大学の数学科に来られても

●木村達哉《きむらたつや》先生プロフィール
1964年生まれ。奈良県出身。私立清風《せいふう》高等学校、関西学院大学文学部英文学科卒。私立高校教諭を経て、1998年より灘中学校・高等学校英語科教諭。長年、ブログや執筆、講演、ラジオパーソナリティーの活動を通して、受験生や教育関係者に真摯《しんし》な提言を続けている。著書に『大学合格 キムタツ相談所』（旺文社）など多数。野球が好きで、灘中学校野球部の監督も務める。公式プロフィール『もっと高く！　もっと遠くへ！』(www.kimu-tatsu.com)。

困る、もう遅い、と言っています。

木村　物理や数学の国際オリンピックのメダリストとかを、大学は欲しがらないんでしょうかね。

林　それは即入学ですよ、他の科目なんかできなくても。即、鍛えないと、国益を損ねるというレベルの話です。でも、東大は言うでしょうね。やっぱり（二次試験の）440点分受けてくれって。

木村　ただ、上の方の子らを国の力として生かすのであれば、僕が危惧してるのは、たとえば、さっき話したインド工科大を目指してインドの学校へ行っている生徒なんかは『ちゃんと日本に帰ってきて日本の戦力になってくれるかなあ』と。向こうはエキサイティングだろうし、今後日本の魅力がなくなっていけば、エリート教育して外国に送り出した学生たちが行ったっきりになる可能性はありますからね。

林　であれば、逆の発想もあるわけで、たとえば東大の定員を3分の2にして、3分の1はインドから来てもらえばいいんです。

木村　この前、灘の卒業生でノーベル化学賞を取られた野《の》依良治《よりりょうじ》先生がうちの生徒らに講演をしてくれたんです。それで、日本のサイエンス教育というのは今進んでいるように見えて全然まだまだで、どうすれば東大は一流になれるかという話になったとき、「そうなるのは、海外から来た留学生が東大の教育を受け、そしてその人がノーベル賞を取ったときだ」とおっしゃったんです。

林　うん、そう。さすが野依先生、おっしゃるとおりです。

木村　そうなれば「東大 asナンバーワン inアジア」と言ってもいいんじゃないかと思うけれども、今のように日本の中の1位で胸を張ってたらダメですよ、という話をしていただいたんです。そうやろうなと思いますね。

東大には何もない、けど、すべてある

林　この本では批判的な言及もしている東大なんですが、それでもいい大学であるのは間違いないと思うんです。

先ほど話に出たTehu君を見て、高校の同級生のひとりを思い出したんです。電脳界でよく、××神って言われますよね。30年くらい前に最初に言われたのは、実は彼なんです。高2くらいからいろんなプログラムを書いて、海外の雑誌とかで入賞していて、コンピュータ界のカリスマになっていた。彼は理Iに行ったんですけど、彼を見ている

と東大に行ってても行かなくてもよかったわけで、あそこまでできる人間にとっては東大はあんまり意味がない。でも、人数は多くないんですけどそういう突き抜けて優秀な学生がいて、そういう人間に会えるという意味では、東大には価値があると思います。

木村　僕は関西学院大出身なんでリアリティないとこもあるんですけど、以前、和田秀樹《わだひでき》さん（灘→東大医学部出身の医師・評論家）と飲んだときに、あの人が言うてはったのは、やっぱりそこやったですね。「なんで東大なんですか？」と聞いたときに、「結局、無作為に学生を100人選んだときに、東大だって頭がよくないやつはいっぱいいる。そやけど、そうしたときに東大が一番、頭のええやつが含まれてる確率が高い」と。

全国的に見れば東大という大学はたぶんいい大学なんだろうなと思うんです、変な話ですけれど、国家予算の関係で設備的なものも含めていっぱい補助金が入っているし。ただまあ、結局は心がけ次第というか。「東大には何もない、けど、すべてある」というすごく深い言葉があって。こんなに頑張って入ったんだから東大に何かあると思って行った子らは、実は結構病んでいる。こんなスカスカなもののためにオレは今まで頑張ってきたのか、と。だけど自分から「よし、なんかやったるぞ。東大使い倒したる」と思って入った子にとっては、とってもいい大学なんやろうなって気はします。

林　東大が生んだそういう悲劇って、やっぱりあるんです。僕は2年間寮にいたんですけど、1つ下で入った後輩が田舎で神童みたいに言われてきたんです。ところが入ってみたら自分よりすごい人間が山ほどいて、ゲシュタルト崩壊を起こした。ガタガタになっちゃって。で、ちょっと言動もおかしくなっちゃったので、寮生で心配してみんなでケアしてたんです。だけどそのうちに神棚を祀《まつ》り始めるわ、お香《こう》は焚《た》き始めるわ。だんだんひどくなってきて、「もう俺はダメだ、最低だ」みたいに書きなぐり始めて、一時大変だったんです。自分ができると思っていたから、もっとすごい人間に出会ったときにその準備ができていなくて、壊れちゃう。彼は本当は東大に行かなければよかったのかもしれない、と今でもふと思ったりします。こういうこともあるので、東大が決して全員にとっていい環境であるわけではないのは確かです。

木村　それはうちの学校がまさにそうですわ。中1でそれを実感するので。自分よりできる生徒がいっぱいいてショックを受ける。

林　だから必要なのは慣れて……僕は「しっかり負けて」という言葉を使うんですけど……自分のそういう面での位置をしっかり知ることなんです。灘の生徒さんは、受験勉強は1つの物差しにすぎないということがわかるだけの聡明さも持っている。だから俺は勉強はイマイチだけど……それでも東大に入っちゃうんですけど……もっと別のところで勝負するぞ、そんな気構えができている。皆がそうなればいいんですが……。

木村　そこの尺度は今の日本ではすごく難しい。お父ちゃんお母ちゃんの尺度も含めて。「この子、ピアノめっちゃうまい」というのと「この子、模試でこんだけ点数取った」

というのとでは、ピアノのほうがだいぶ下に行くんです。それはよくない。もしかすると、この子はピアノ界のイチローになるかもしれないのに。すごくもったいないです。

学校の予備校化が進んでいる

木村　ところで、林先生は予備校と学校とで担うべき役割の違いみたいなのは考えますか。僕も前に勤めていた学校のとき、1年間だけ駿台予備校で講師をやらせてもらったことがあったんですけど、全然違うなあと。

林　まあ勘違いしている講師は多々いるかと思うのですが、灘くらい生徒が優秀な場合は別なんですけど、僕の考えでは学校の先生というのは、普通の学校ですと生活指導にものすごい時間を取られますよね。

木村　そうですね。

林　以前、ある私立高が「昼間の授業が終わったあとに生徒が外の授業に行くくらいだったら、学校の中に塾を作ってしまえ」という発想で、予備校講師を呼んで、いわゆる学内予備校を作ったんです。その際に僕も講師として約10年間教えていた時期がありました。そこでわかったことなんですが、学校の先生は生活指導と学習指導をしなくちゃいけない。本当に大変だなあ、と。多くの時間を生活指導に持っていかれちゃって。一方で予備校講師は学習指導だけをやっていればいいわけです。

そういう点で、僕たち予備校講師は教育者ではなくて、1科目を担当するにすぎない、しかも受験で点数を取れるようにするというミッションを担っているだけの単なるサービス業です。生徒の人格的なことに触れることもなく、生活指導も一切しません。たまに学校のことを批判する予備校講師がいますけど、これは最低です。それだけでその講師の授業を受ける価値はないと思うくらいです。

木村　僕がちょっと思ってるのは、今、話に出ました学校の予備校化の問題です。学校がやたらと懇切丁寧を売りにして、勉強以外の行事とかを一応ちょくちょく入れはするんだけども、やたらと補習をやって、それで教員も生徒も疲弊してしまう。それ以外の価値観があなたたちにはないのかっていうくらい。特に九州ではすごいんですよ。今、九州全土、補習の嵐。1日にゼロ時間目から9時間目まであったりするんです。

林　面倒見のよさが売りなんでしょうけど、僕なんかは教育の本質がわかってるのかなと思ってしまいます。でも、そういう学校が今は、保護者にはウケるんですよね。

木村　ウケる。だけど、一番最初の話に戻るんですけど、じゃあそれ以外の能力を持った子をどう評価してやるんだという部分が、残念ながら学校側に欠落しつつあるんです。何よりも、学校全体がいわゆる「うちの学校は塾に行く必要はありませんよ」「こうやればセンター試験で点が取れますよ」的なことばっかりやってるというのは僕はよくないなとすごく思っています。なのに、それを売りにしている学校が多すぎる。そこじゃない。人を育てるというのは、もっとディープな部分に関わることなんです。

林　灘だったら午後3時に生徒を学校の外に出せますよね。

木村　う～ん。結局、そこなんですけど。僕が「うちの学校ではみんなで東京に行って、スーツ着て会社訪問したりとか、企業の研修をやったりとか、いろいろやったりするんです」という話をすると、「それは灘だからできるんですよ」と言い返されて。

林　普通の学校側は、外に出したら何をやるかわからない生徒たちを、自分のところで抱え込んでおきたいんです。僕は愛知県出身なんですけど、愛知県は例の管理教育が吹き荒れた県なんです。それに対して僕が通った東海はものすごく自由で、うちの生徒がそうした管理教育をやっている高校に乗り込んでいってトラブルになったようなこともありました。そういう感覚があるので、木村先生のお気持ちはわかるんです。

ただ、いいとは思わないですけど、そういう抱え込んでくれることを是と認める保護者がいて、そして外に出すと何をやるかわからない生徒がいて、となるとすべてを学内に閉じ込めておくという方向に行くことが、現状では「解決」への道になってしまうんでしょうね。でも、それは教育の本質とは対極にあるものなんです。

木村　今、学校も予備校も全部おんなじような役割を担っていて、棲《す》み分けができてない。でも、学校の先生は学校の先生なりの矜持《きょうじ》が、予備校の先生は予備校の先生なりの矜持があるはずなんですけどね。

たとえば学校は……今日たまたまやけど（かばんから小冊子を出す）こういうふうなのやっとるんですよ。これ、高3の生徒が中心になって作った冊子なんですけど、思想家の内田樹《うちだたつる》先生とか色々な人にアポをとって話を聞きに行って。それで1冊作ってもうた。教員はノータッチでね。学校ではこういうのをやっているんです。

一方でうちで足りんとこは僕が林先生に連絡して、うちの生徒でこんなのがおるんやけど、ちょっと見てやってくれませんかって話して、という世界がもっと作れてもええんちゃうかと思ったりはします。

もっとうまい具合に共存共栄できたらええのになって僕は思っているんですけど。

「補習ばっかり問題」が先生をしょぼくれさせる

木村　この「補習ばっかり問題」は、さらに大きな問題を生んでいるんです。先生に余裕がなくなってしまうんです。たとえば、数学の先生だけどスペイン語がメッチャしゃべれるとか、英語の先生でフランス語がメッチャしゃべれるとか。あるいはこの先生の専門とは全然違うけど、あの分野の大家やなとか。そういう人が生徒をインスパイアしていくというのが、あんまりなくなってきた感じがして。

林　なくなりましたよね。それは「午後3時過ぎたら、俺たちは生徒のことなんか知らないよ」というスタンスで行かないと、そういう教師は出てこないですよね。

木村　出てこない。

林　僕が通った高校は、午後3時過ぎると職員室は誰もいなくなっちゃってました。生徒よりも早く先生が帰りたがる学校でしたから（笑）。

木村　僕もこうして、外で本書いたりいろいろさせてもらったり。それを生徒らは見て、あんなふうになりたいなとか思ってくれたらええかなと思ったりですね。

林　やっぱりそういうゆとりがあると、生徒から見て楽しそうにやっているように見えるんですよ。授業をちゃんとやりつつ、何かよくわからない勉強もちゃんとやっている。そういうのがかっこよく見えて、俺たちもああいうふうになろうかなと思わせることが大事なんですよね。ところが補習の連続とかで余裕をなくすと、木村先生がおっしゃったように先生が疲れきってしょぼくれる。そうなると、自分たちが勉強ができるようになったときの状態があれかあ、と生徒は思ってしまいます。それではモチベーションが上がるわけがない。そうやって悪循環に陥っちゃってるんです。

木村　僕、本が大好きなんですけど、たとえば今年、書店に行ったら『古事記』があって、「よく考えたらオレ、『古《こ》事記』って原典で読んだことないな」と思って。それで、『古事記』と『日本書紀』買うて読んだら、面白くって面白くって。

林　最初のほうは、とんでもないエロ本になってますよね。

木村　それを英語の時間に生徒に語ったんです。そうすると、やっぱり影響受けて買う生徒が出てくるんです。これってすっごく大事だと思うんです。古文の先生が古文や漢文をやったらこうやでと言うんじゃなくて、現代文の先生や英語の先生が『古事記』のことを言うたりというのがいいんですよね。我々自身が余裕を持っていろんな勉強をして、価値観を広げて、生徒らに語ってあげる。そして、それが一種のインスピレーションになるというのはあるんでしょうね。

林　僕も「なになにした方がいい」という話は絶対にしないんですけど、自分がやって楽しかった、という雰囲気だけは伝えるんです。そうすると生徒は考えるんです。「なんだ、そんなに面白いのか」と。僕が楽しそうだと、生徒は悔しくなるようなんですよ(笑)。

たとえば灘の子じゃないですけど、漢文の勉強はなんの意味があるのかと質問してきた子がいたんです。で、「俺は漢文大好きだったよ。中学のときにずっと原典で『三国志』とか読んでて、中2の誕生日プレゼントは『荘子《そうじ》』だった。やっぱ3000年、4000年残っているものってすごいんだぜ」と話をしたことがあるんです。そしたら大学2年のときに訪ねてきて、漢文の原典を結構読んだそうです。あそこで僕の話を聞いてなかったらあんなもの読もうともしなかったけれど、「世界にはすごい人がいるもんですね」と。まあ、そういうことも稀《まれ》に起きる。
木村　教える方っていうのは、そういう部分を持ってないとダメなんやろうなっていう気はしますよね。
林　今、世の中には「やる気にさせる勉強法」みたいなのが溢れてますよね。あれ、僕はすごく嫌いなんです。
木村　僕も大嫌いです。
林　僕らがやることで、本人が自主的にやる気を出してくれるのならばいいですけど、出させるとか、させるっていうもんじゃないと思うんです。
木村　それも大昔からことわざがありますよね。「馬を水辺に連れていけても、水を飲ませることはできない」。そういうことじゃないですか。
林　そうですよね、水を飲むかどうかは結局は本人次第ですし。
木村　やる気を出すかは知らんけど、人って堕《お》ちていく人を見るのも好きなんで、生徒には授業でいつも「小6のときに、うわ〜っすげえ〜あの子灘やって言われた子が、卒業のときにどっこも合格せえへんってのは、世間的にはこんなオモロイことないで。悔しかったら頑張ったら」とは話してますけど。

プレゼンテーション能力の向上は積極的に取り組むべし

木村　自分のことを棚に上げて言うけど、教師が生徒たちに受験受験と押しつける前に「じゃあ、俺自身はちゃんと勉強しとんのか？」と自問する必要はありますよね。

僕はいろんな勉強会をやったりしてるんですけど、「もうちょっと勉強しとかんと、生徒のほうがだいぶ上にいっとらんかい？」という人が結構おる。僕はそれで教師を育てようと思って、チーム・キムタツという組織を作ったんです。最初は12名で作ったのが、今では教員２５００人くらい登録してましして。

教師の仕事はある意味サービスやし、50分の授業で全員こっちを向かせるとか、僕は当たり前やと思いますけど、なのにお客さんを爆睡させてどうすんねんという感じですわ。でも、僕らの職種のちょっと甘いところは、生徒が寝ているとその生徒のせいにできるというところがあるんです。だから情報を交換しあって、いい英語教員になろうっていう組織を作ったんです。

そこの部分の研修を本来は公的にいっぱいせないかんのやけど、教員研修のようなものは、特に公立で顕著なんですけど、それぞれの自治体がやっている研修会みたいなのに出席すれば研修完了みたいなところがたくさんある。けど、それだと授業力が全然ア

ップしてないんです。

林　まあそうでしょうね。

木村　これが今、僕が灘におってすごく鍛えられているのは、中高の6年間、生徒と一緒に教員も持ち上がるので、今の高3は基本的に僕以外に英語を教わらないという緊張感があるんです。だから、失敗すると木村のせいやと言われるんです。灘の場合はそういう緊張感が僕らのことも育ててくれるんです。一方、今の日本の教育のシステムは、教員に逃げ場があるというのがあんまりよくないのかもしれんなと思っています。

林　授業力ってプレゼンテーション能力とつながっていると思うんですけど、これの向上は生徒も教師も積極的に取り組まないとダメだと僕は思います。昔の西欧の学校を見ていても、レトリックと雄弁術がセットだったんです。雄弁術とまでは言わなくても、言葉を用いて自分の考えを相手に正しく伝える訓練が、今の日本の教育では明らかに不足しています。

今日も僕は、ある大学で講演会をやって、どんな授業を設置したらいいかと問われて、プレゼンテーション論の講座を設けるべきだと話してきたんです。とにかくどんな商品でもいいから、ゼミを使って1つの商品のプレゼンテーションや売り方だけを徹底的に考えるんです。そういうことを考えたり実際に人を相手にして物事を伝えた経験は、就職活動の役に立つし、実際に社会に出てから自分の意見をきちんと相手に伝える訓練になるから、と。

木村　高校も大学もそうだけど、先生が50分しゃべっているだけの授業が多すぎますからね。生徒はおとなしく座っているということが美徳になっているし、先生方も一生懸命説明しているというのが美徳。でも、これはよくない。じゃあ肝心の先生に50分間聞かせるプレゼン能力があるかというと、「おまえ、しゃべんの下手やなあ」という人がたくさんいらっしゃるのが現実かと。

林　だから今日も大学の教授・准教授の方々とお話しして、なんでもアドバイスをしてくれと言われたので、「じゃあ僭越《せんえつ》ながら言わしていただきますが、あなた方は自分の授業をビデオに撮って見たことがありますか。話術は技術なんで、訓練して磨かないと上がりませんよ。伝える側が話し方をきちんと訓練して力量を上げていかないと、生徒に『そういうものが技術として非常に価値のあるものだから高めなければいけない』と言っても説得力がないですよ」と。

木村　まったくそのとおりで、議論の余地はないですね。発信していくスキルというのは、ちゃんと育てないとアカンです。中高の6年間、全部がペーパー対策だけになっていて、それはまずい気がする。ちょっとずつ変わってきてはいるけど、ただ、変えようとしている先生が相当マイノリティで、相変わらず英語なんかでも、ノートに全訳してきたらよい生徒、みたいな。「でもこれ、全訳しなくてもサーッと読んだらわかりますけど」みたいな場合でも、「黙れ、全訳することに意味があるんねん」と反論されるような感じのことがまだたくさん行なわれているなあ。

受験なんか18歳でしなくてもいい

木村　受験の話に戻りますけど、思うのは、別に18で大学受験せんでもええんちゃうかというのが僕の中ではすごく強くあって。下でも上でも。たとえば、みんなは大学に行ってるけど、オレはブラジルに行こうというのでもええんです。で、二十何歳とか30歳くらいで日本に帰ってきて、ちょっと就職しんどいし、大学行こうかというのでもええし。

人生を画一的にやるのは、すげえつまんないですよ。今一番よくないのは、不登校にしても引きこもりにしてもいじめにしても全部そうなんだけど、画一化されたベルトコンベアに乗らないとダメ的な、そういうのは非常にまずい。明らかにそこじゃない。そんな22歳で就職なんかしなくて、いっぺん世界を見てこようかというのでも、僕はいいと思う。大事なのは、生きている間に自分の力をどこまで伸ばせるかってことやから。

林　僕なんか一応23歳で大学を出ましたけど、いろいろやらかして、ちゃんと就職したのは27歳ですからね。そのときからこの仕事をずっとやっていますけど、そこまでグチャグチャだったわけですし。

木村　銀行に入ったんでしょ？

林　はい。でもすぐ辞めました。

木村　僕も自動販売機の営業マンやってましたよ。教師になる前に1年間。

林　全員じゃないにしても、木村先生は教育界、僕は教育産業、ストレートに来てない人のほうが、割合うまくいってますよね。1回折れたことで視野が広がって、それがプラスに作用することも多いようですね。

木村　まあ、自動販売機売ってたんは、すっげえいい経験でしたけど。そらもう、名刺渡して目の前で破られて、「で、何しに来たん？」と言われる毎日ですから。こんなにシンドイんかって思いましたもんね（笑）。で、教員になってこんなに楽なんやって。

林　それは僕も一緒で、ホント楽なんですよ。僕は教員でなく予備校講師なので、もっと楽です。生活指導もないし。

木村　「なんや、生徒の成績さえ上げればいいのか。こんなん楽勝やんけ」と思いながら今26年経ちましたけど。ホンマはそれなりに大変なことはありますよ。ありますけど、そらあ自動販売機を売ることを考えたら。だって買わへんもん、みんな。

林　だから先生のように「こんなん楽勝」と思う人じゃないと、教師とか講師ってうまくいかないんですよ。どうやって教えたらいいのかとかで悩む人は、基本的には向いてない人なんです。

木村　病むからね、みんな。

浪人時代の大ウソ生活

林　今、回り道の話が出たので、編集部から「受験時代の失敗談があれば、思い出話をしてほしい」とのことですけど。

木村　失敗談ならいくらでもあります。まず、現役のときは浪人生活をすることを前提に高校生活を過ごして。

林　それは時代の違いもありますよね。大浪人時代でしたから。

木村　で、浪人して、駿台京都校に行ったんですけど、あれは緊張感があって楽しかったな。人生であの1年間は毎朝パシッて5時半に起きて通ってました。なぜなら、後がない。うちはあまりお金がなかったんで。

　で、実は現役のときに教師に勧められて関西外語大を受けて受かったんです。ほんで、うちの親父に「よかったやんけ」と言われてしまって。でも、行きたくなかったんです。なんせ僕は小説家になりたかったから、「三田文学《みた》」しか頭にないんですよ。もう遠藤《えんどう》周《しゅうさく》作先生の後継者はオレやなと、ホンマに思っとったんです。遠藤先生の本ばっかり読みあさっとったから。

林　遠藤周作さん、慶應ですもんね。

木村　で、親父にはウソをついて、大学に入らずに駿台に通ってたんです。

林　それも遠藤周作さんと一緒ですね。遠藤周作さんは、医学部に入れって言われていて、何年も浪人してもどうしても受からなくて、それで文学部に入って、医学部に通ってるとずうっとウソをついてたそうですから。

木村　お金はどうしたのかというと、関西外大の学費より多めに伝えて、「ええっ、そんなにかかるんか。ほんなら振込み用紙とかあるんやろ」「それ、俺が振り込んどく」とか言ってごまかして、そのうちの何十万円かを駿台に入れて。残りを受験のときの費用にとっておいて。でも、なんだかんだで金がかかって、最後、受験のときに金がなくなったんです。

それで、お袋に言うたら、「正直にお父さんに言い」と。で、親父に言うたら「とにかく家を出て行け。受験とかなんかは関係ない、今、家を出て行け」と。

でも一生懸命頑張ったんで慶應受かりそうやから。そのときA判定ばっかりやったんで。じゃあ、学費は誰が払うの、俺は払わへんでって言われて。でもとにかく受けさせてほしい。ほな10万貸したるからこれでなんとかせいって。10万？ 安ッ。

でもそれで、関学と同志社と慶應受けて。

慶應を受けに行ったときも、泊まったところはホテルとかじゃないですよ、友達のおばあちゃん家《ち》。でもねえ、おばあちゃん家、申し訳ないけど最悪なの。僕、もともとぜんそくなんですけど、どんだけ動物いるの？ というところで、もう絶望的な環境。発作が出てしもてね。で、結局慶應と同志社は落ちて、第三志望の関学しか通らなくて、親父に「関学に受かったんですけど」と言ったら、「オレ興味ないから、とにかく出て行け」と。嬉しかったというか、悲しかったというか。

それで大学の4年間はバンドをやりつつ、学費をもらえなかったんで酒店と黒服&蝶《ちょう》ネクタイのバイトをやって。

でも、浪人の1年間はすっごいプレッシャーありましたよ。2浪なんて死んでもできない。親をだましているわけですから。

林　これはすごくいい話ですね。今日イチの話です（笑）。

木村　いやいや、もうあの緊張感たるや。落ちたらどうしようって。親父に「慶應あかんかった」と言ったときに、親父は「ざまあみろ」と言いましたから。だから今、褒めて育てるだの、ヤワなこと言うてるけど、落ちてざまあみろと言われた人間がここにおるわけです。まあ、そりゃそうかなっていう自業自得の面もありますけど。受験の神様が「親にウソついたからそうなるんや」と言ってるんやろなあって。まあいろいろありました。

だから、浪人する子が灘にもいっぱいいるんですけど、いつも言うのは「あかんかったらもう1年しようなんて思たら、絶対あかんで」と。

教育には限界がある

林　木村先生は、教育というものには限界があると感じたりされることはありますか。僕はあると思ってるんです。

木村　なぜですか。

林　僕らは予備校講師ですから。学校が終わって、週に何回か来るだけの生徒に対して、なんでもできますっていうのはこれはおこがましい。ましてや、人を変えるために授業をやってるわけじゃない。入試で点数を取れるための授業しかしてないから。

ただ、そのために、大学に入った先の世界はどういうものであるかとか、本当に優秀な人間はどういうふうに学問に取り組むかとかいう話はしますけど、それをどう受け止めるかは生徒の側の問題なんで。変わるかどうかはわからないですね。

これは僕の持論ですけど、教育は「教え育つ」ものなんです。「教え育てる」ものではない。こっちは教えることだけはちゃんとやりますけど、あとはどう判断して行動するかは向こう次第なんで。育つも育たないも向こうに任せるしかないですよ。「育てる」っていう他動詞を教育に使いたくないし、そんなおこがましいこともできないというのが僕の考えです。

木村　僕はまああんまり考えたことないからわからないけど、自分が東大に送り込んだとかいう言い方はおこがましいと思う。それはその子が頑張ったのであって、僕らはサポーターであっただけなのにな、とは思いますけど。

教育というものは今、林先生がおっしゃったとおりで、強制的なものじゃない。子どもらが主体的に育つためのヒントをこっち側は延々と放出し続けるだけ。で、うまいことハーモニーが合うときもあるし、合わないときもある。そして、全員に影響を及ぼすことができないという意味では、そりゃあ限界はあるでしょう。それはみんなそうちゃいますか。神様じゃないから。

林　学校の先生がサポーターだとおっしゃいましたけど、僕らはサポーターにすらなれないわけですよ。ただ、サービス業で授業という商品を売っているだけなんで。

僕があるテレビ番組で「教育とは」という言葉を使って格言を作れと問われたとき、こう答えたんです。「教育とは自転車の補助輪のようなものだ」と。なるべく早くこれを外して、自分で走っていけるようになれ、と。それだけのものなんで。

木村　それはそのとおり。一番大事なことはその子の主体性なので。主体性がない子に対して、やる気出せやる気出せ言うたって水は飲まないんで。でもまあ、残念ながら、多くの学校ではたとえば補習とかいうもので……。

林　やる気はないんだけど、やっちゃってる状態を作って、少なくとも他のことをしない状態を教育と呼んでいますよね。

木村　そうそう、強制的にね。それは日本ではとっても大はやりなんで、そこは批判をされてもしょうがないやろなと思ってます。

林　面倒見がいいっていうことをプラスに評価するのは間違いで、「放っといてくれ、自由な時間を与えてくれ」ということを保護者の側が言わないといけないんですけど。

学校の教師も予備校講師も、教えすぎる

木村　成績が伸びるメカニズム的なものを、もっと言うていったほうがええんやろな。最強なのは……最強かどうかはわかんないけど、公文式ってあるでしょ。あれ、いいシステムやなと。

林　実は僕、公文式で数学を仕上げたんですよ、自分自身が。高校まで全部、さっさと先に終われたんで。

木村　あれ、座席の前におるおばちゃんが「ここまでできたんだ。じゃあ次これ、次これ」といってプリントくれるんですよね。

林　あまり教えてくれないんですよ。

木村　そう、教えてくれない。

林　あれ、すごくいいですよ。自分で考えるしかなくなるんで。

木村　僕、今一番困るのが、日本中の先生が授業見学にいらっしゃるんです。でも、僕の授業、公文式と同じシステムなんで、最初にプリント配って「解けたら、前にトランスレーション取りにきて」と。で、取りにきた生徒は、次のプリントをもらえるんです。で、「次にこれやって」と。だって、普通に考えて、プリントに書いた程度の英文を、

たかだか3分か4分で読まれへんかったら、英字新聞も読めないんで。これやと、50分間授業時間があったら、3つも4つも読めるんですよ。こういうのを多読って言うんです。

でも、それを先生が余計なことを上から訳しながら一緒に読むから、数が減るんですよ。たまに生徒たちから「ホンマ、灘の先生って楽ですね」と言われる。「去年までは結構頑張ってたから、今年はいいねん、高3やから」と言ってますけど。でも、そうするほうが生徒の力がつくんですわ。

林　予備校講師でも教えすぎるんですよ。で、俺についてこいってやるんです。あれは本当によくないなあ。

木村　僕、たまに「うちの授業を見てください」と声かけられて、出前的に見学に行くんです。で、「好きなように感想を言ってください」と言われるんです。で、「ホントになんでもいいんですか」と聞くと、「いいです」と。で、言ったりするんです。

要は、50分間、先生が必死になってしゃべってはるんです。「でも先生、これ、普通に考えてください。この子ら先生の授業を50分聞いて、いい子のように見えますでしょ。これ、1時間目から6時間目まで、全部そうやったとしたら、この子ら300分間全部ずっと聞いてるんですけど、それどう思います?」と。「でも、教えないと……」とか反論はあるんですけど、「いつ生徒らは考えるんですか」と。

林　教える側に自信がないと、とにかくおしゃべりになりますから。

木村　そうですね。ほんま、そうやなあ。

林　自信があると、黙って「どうする？　考えてごらん」と言ってニヤニヤしてるんです（苦笑）。

木村　まさにそうです。

林　でも、答えしか言わない授業って、結構いい授業だったりするんですよ。

木村　教員がヒントを与えたりとか、そういうのは必要だと思うんですけど、生徒に手取り足取り教えるというか、そういうのが日本では、少なくとも英語ではトラディショナルないい授業と言われてきたんです。「全部訳しましょう。上から全部読みましょう」と。そうすると、生徒らが自分で解決する余地が残らないんですよ。

勉強する目的とは何か

林　結局のところ、勉強する目的は何か、ということなんですけど。

木村　一番大きなことは、生きている間に自分の力を上げて、他の人たちのためにどれだけ尽くせるか、ということじゃないですか。それに尽きると思います。

たとえば、たくさん勉強してお医者さんになった方の中に、東日本大震災を契機に福《ふく》島《しま》に移り住んで医療活動をされている方とかいらっしゃいますよね。そういう話を聞くと、僕は勉強する目的に対して教員としてあんまり明確に答えが出せなかったんだけれども、やっぱり自分のエネルギーを上げておいて、困っている人がおったらこのエネルギーを使ってくださいねという話なんだろうなという感じはしました。

林　僕もホント、どうやって社会に貢献していくかという思いが年々膨らんでいきますよ。赤十字に寄付したりしてますけど、やっぱりもっとできることがあるだろうし、そういうことをもっとみんながナチュラルに考えるような社会になればと。そこについては、日本は決定的に遅れていると思うんです。

木村　今、うちの学校では、特にうちの学年（現在の高3）がそうですけど、お医者さんになりたいという生徒が減ってきてるかな。なんでかというと、「だってセンセ、医者になったって、よう稼いだって年収1000万円か1500万円でしょ。それだと他の人たちのパワーにならない。しかも忙しすぎて、動けない」と。その判断は、僕は正しいと思いますけどね。

林　美容整形をやれば、4000万円は行くそうですよ（笑）。

木村　ははは。そりゃまた微妙な世界ですけど。前ね、誰やったかな、うちに講演に来てくれた人が「ここの学校の生徒は頭いいんでしょ。頭がいいのに医者というのはもったいないですね」とおっしゃって。それは生徒らの価値観になかったらしくて、ビックリしとりましたね。要は「医者は免許さえ取れば誰でもなれるのに。頭いいんだったらもっといろいろやればいいのに」ということですわ。

林先生の考える、勉強する目的はなんですか。

林　僕の場合は、社会に出て必要な力は「創造」と「解決」の2つだから、それに向けての基礎作りです。

木村　英語だけじゃなくてフランス語ができる、アラビア語ができる、中国語ができるとなれば、それだけ他の人たちの困っている問題を解決できる能力がどんどん増えていきますからね。ほんで、他の人たちからありがとうと言ってもらえる回数が増えれば増えるほど神様はその人にお金を与えるんで、さらにもっとあっちこっち行って、いろんな人を助けたれよということになる。それはそういうことちゃいますか。

だから僕は生徒にはっきり、「勉強っていうのは経済活動の一種やで」と話していますす。それはそう割り切っていいのではないかと思います。

それこそさっきの飛び級の話じゃないけど、能力があるならもっと早く社会に出て、世の中に尽くせばいいと思うし、そうなればITの世界でも外資系でもどこでも、尽くしている限りその人には資金が入ってくるものだと思います。簡単な論理やと思いますよ。そういうのは僕らは言うた方がいいと思います、マジで。今はお金のことを考えないで済むような時代じゃないですし。

林　清貧の思想ですか。昔、そういう本が売れましたね。でも、そんな時代じゃないですよね。

木村　日本人はお金に言及するのは、守銭奴《しゆせんど》的なイメージというのがあるんでしょうけど。でも、本質はそこじゃないんです。僕はいつも生徒にハッピーリッチになろうと言うてますけど。だって僕、この春も高3の連中と東北に行ったんですけど、人を助けるためにはこっちにパワーがないとあかんに決まってるので。東北行くのにちょっと交通費出してもらえませんかって言ったら、そりゃあギャグですよね。誰かを助けようと思ったらエネルギーもいるし、マネーもいるし、知識も技術も何もかもがいるので。つまり、勉強する理由なんて簡単なことです。

林　そう。そして受験しようがしまいがそれは個人の自由ですけど、もし受験して大学に入ったならば、死ぬほど勉強してもらわないとね。特にトップ層の学生には。

撮影協力／東進衛星予備校・名駅西口校　　撮影／佐賀章広

おわりに

半年ほど前のことでしょうか、公開授業のために向かった都内の校舎に入ろうとした瞬間、ひとりの男性に呼び止められました。話を伺うと、書籍執筆のオファーということであり、「受験についての考えを書いてほしい」とのことで、企画書も手渡されました。

僕はもう20年以上も予備校講師をしてきましたから、受験についてはいくつかの考えを持っていました。しかし、それを本に書いて世に出そうなどとは一度も考えたことはありませんでした。ですから、「いろいろなことを考える人が世の中にはいるもんだなあ」、そう思って、その場では授業に向かったのです。

家に戻って企画書に目を通すと、よくできているというだけでなく、今まであまり考えたことのない角度からの考察もなされていました。この本を書くことは、受験を生業としてきた僕にとって、自分のしてきたことが本当に正しかったのかを問いただす作業になると同時に、新たな視点から自分の仕事を捉え直す機会にもなる、そう思って、ＯＫ

の返事を出したのです。

受験生はすべて、無限の可能性を秘めた若者たちです。この国の未来を担っている彼らが成長期に向き合う受験という制度が、少しでも改善されなければならない、そういう思いからペンを走らせました。

僕は、受験というシステム自体が悪いとは思っていません。しかし同時に、日本の受験システムが、今のままでよいとも思っていません。本編にも書いたように、社会がもっと多くの『物差し』を用意して、一人一人が自分の仕事にプライドを持ち、胸を張って暮らせるような社会にしていかねばならない、そういう思いを強く抱いて生きています。

この本は提言の書です。

世に一石を投じることで、ひとりでも多くの人に受験というシステムに興味を持っていただき、よりよいシステムに変わっていかないだろうか、そんな思いを原動力に書かれた1冊です。

ですから、そういう思いの高ぶりが、ときに勢い込んだ物言いとなって表れたかもしれません。そのせいで、一予備校講師のくせに生意気だと、不快な思いを抱かれた方もいらっしゃるかもしれません。そういう方には、深くお詫《わ》び申し上げます。

しかし、現状をなんとかしたいという思いにウソはありません。衆知を集めて、可能な限りのことをしたい——それは若者たちのためであると同時に、この国の未来のためでもあるのですから。

最後になりましたが、大変お忙しい中、名古屋までおいでくださり、対談にご協力をいただきました灘校の木村達哉先生に御礼申し上げます。また、自分自身を見直しながら、受験について世に問うという、想像さえできなかったことにチャレンジする貴重な機会を用意してくださり、素晴らしい企画書の作成者でもある、集英社の長谷川《はせがわ》順《じゅん》氏には本当に感謝しております。ありがとうございました。

文庫版あとがき

この本が出てから、もう二年も経つんだなあと、時の流れの速さを改めて実感しています。例の「今でしょ！」をきっかけに、いろいろなところからお呼びがかかるなかで、合間を縫って書き上げたのが、本書です。

あれから二年が経ちましたが、僕をめぐる状況はあまり変わっていません。幸いなことに、いまだに多くの仕事のお話を頂いておりますし、これまた以前同様、教壇にも立っています。

今年の夏期講習は、昨年と全く同じだけの授業を行いました。昨年は一昨年と同じで、実はその前からも変わっていません。最近では、むしろ、予備校で教えていることを驚かれるようになりましたが、実は「講師」としての僕は、何も変わっていないのです。ただ、生徒のほうは、少し変化しているような気がしてなりません。

予備校の講師の仕事をするようになって、四半世紀が過ぎました。その間、一貫して生徒の学力は低下しているような気がします。特に近年の、「過剰な」国公立医学部志向の傾向のもとで、文系の学生のレベルが下がっているのではないかという危惧を抱いています。国立大学では、文系の定員の見直しをするという動きもあるようです。僕個人としては、文系—理系という、他国ではあまり例を見ないような、根拠なき類別そのものを見直すべきだと、考えています（このことは、いずれ他の箇所でじっくりと論じたいと思っています）。

もちろん、先の感想は、全体というか、平均という無意味な判断基準においてのことで、本書でも書いた通り、最上位の生徒は相変わらず優秀です。しかし一方で、下位の生徒（と言っても東大に受かってしまうのですが）の学力には、疑問符をつけざるを得ないのです。

それはただ、お前が見ている生徒のレベルが下がっているだけのことではないのか？——そういう意見もあろうと思います。むしろそうならよいのにという思いは、僕自身が抱いているくらいです。今まで述べてきた僕の思いは、直に接している、東大特進コースの受験生を通じて生じたものです。彼らは、全員が東大志望です。そして、彼らを含む東進生全体の結果がどうだったのかと言えば、二年前（二〇一三年）の東大合格者六〇〇人が、今年春（二〇一五年）には七二八人と、むしろ急激に増えているのです。だから、以前なら、「受かってよかったなあ」という思いだけだったのに、最近では「あんな答えを書いていた、あの生徒までが受かってしまったのか……」と思うことも少なくないのです。

性別で見ると、優秀な女子の増加が顕著です。ですから、仕事を手伝ってもらっている学生スタッフも、どんどん女性が増えています。一方で、男子は……。

受験は、人間の様々な能力の中の、たった一つを計るだけなんだから、多少学力が低下したところで、そんなに気にする必要もないだろう、そういう意見も時に耳にします。しかし、本当にそうなのでしょうか？

二年半前から急に増えた、テレビという新たなフィールドでは、予備校で培ったキャリアは、あまり役には立ちません。しかし、それでもこの間、何とかやってこられたのは、やはり、高校時代の勉強、つまりは受験勉強をしっかりやってきたことが大きいと思われてならないのです。

想像したこともないような役割をふられることも珍しくありません。そんなとき、どんなふうに頭を動かして対応しているかを考えると、不思議なことに、高校時代に数学の問題を解いているときの感覚がよみがえってくるのです。確かに、現実は複雑です。しかし、単純な要素に分解しなければ、人間の頭では処理できないことがたくさんあります。そんなときに、確定要素を定数a、b、c……とし、未確定要素を変数x、y、z……として、最適解はいかなるものか――そんな頭の動かし方をしているのです。

全体状況を俯瞰したときの感覚は、空間図形の問題を解いているときのそれに通じます。そんなわけで、現代文を教えつつも、やはり勉強の基本は数学だという思いは消えず、授業中にそれを生徒に伝えることもしばしばです。

受験勉強は社会に出たら全く役に立たない、という意見もしばしば聞きます。しかし、こんなふうに頭を使っている僕からすると、**社会に出て役に立つような勉強の仕方**をしなかったと言うべきではなかろうか、と思えてならないのです。

言うまでもなく、単に点の取り方を覚えるだけなら、受験勉強は不要です。しかし、自力で考え抜いて自分なりの方法論を見出し、人が物事を捉える際の基本的な枠組み作りを支えるような、そんな勉強のやり方もあるのです。

もちろん、受験勉強だけが正しい道筋ではないことは、本書中に述べた通りです。しかし、社会に出てからも役立てることができるような勉強のやり方が存在することも事実です。そうしたことも含めた、受験をめぐる僕の考えを今回、文庫本という、より手軽なかたちで皆さんのお手元に届けられることを、大変喜ばしく思っております。この本が、勉強の意味を、あるいはその方法論を、皆さん自身が考えてくださる契機となることを祈念しつつ、筆をおきます。

2015年9月

林　修

本書は二〇一三年十月、書き下ろし単行本として集英社より刊行されました。

集英社文庫　目録（日本文学）

橋本紡　桜
橋本長道　サラの柔らかな香車
橋本長道　サラは銀の涙を探しに
馳星周　ダーク・ムーン(上)(下)
馳星周　約束の地で
馳星周　美《ちゅ》ら海、血の海
馳星周　淡雪記
馳星周　ソウルメイト
馳星周　雪炎
馳星周　パーフェクトワールド(上)(下)
馳星周　陽だまりの天使たち　ソウルメイトII
羽田圭介　御不浄バトル
畠中恵　うずら大名
畑野智美　国道沿いのファミレス
畑野智美　夏のバスプール
畑野智美　ふたつの星とタイムマシン

はた万次郎　北海道青空日記
はた万次郎　ウッシーとの日々 1
はた万次郎　ウッシーとの日々 2
はた万次郎　ウッシーとの日々 3
はた万次郎　ウッシーとの日々 4
花井良智　美しい隣人
花井良智　はやぶさ　遥かなる帰還
花村萬月　ゴッド・ブレイス物語
花村萬月　渋谷ルシファー
花村萬月　風転(上)(中)(下)
花村萬月　虹列車・雛列車
花村萬月　錏娥哢妊《あがるた》(上)(下)
花家圭太郎　八丁堀春秋
花家圭太郎　日暮れひぐらし　八丁堀春秋
帚木蓬生　エンブリオ(上)(下)
帚木蓬生　インターセックス

帚木蓬生　賞の柩
帚木蓬生　薔薇窓の闇(上)(下)
帚木蓬生　十二年目の映像
帚木蓬生　天に星 地に花(上)(下)
帚木蓬生　安楽病棟
浜辺祐一　こちら救命センター　病棟こぼれ話
浜辺祐一　救命センターからの手紙　ドクター・ファイルから
浜辺祐一　救命センター当直日誌
浜辺祐一　救命センター部長ファイル
浜辺祐一　救命センター「カルテの真実」
葉室麟　冬姫
葉室麟　緋の天空
早坂茂三　政治家田中角栄
早坂茂三　オヤジの知恵
早坂茂三　田中角栄回想録
林修　受験必要論　人生の基礎は受験で作り得る

集英社文庫　目録（日本文学）

林　望　リンボウ先生の閑雅なる休日
林真理子　ファニーフェイスの死
林真理子　トーキョー国盗り物語
林真理子　東京デザート物語
林真理子　葡萄物語
林真理子　死ぬほど好き
林真理子　白蓮れんれん
林真理子　年下の女友だち
林真理子　グラビアの夜
林真理子　失恋カレンダー
林真理子　本を読む女
林真理子　女文士
林真理子　フェイバリット・ワン
早見和真　ひゃくはち
早見和真　6シックス
原　宏一　ムボガ
原　宏一　かつどん協議会
原　宏一　極楽カンパニー
原　宏一　シャイン！
原　民喜　夏の花
原田ひ香　東京ロンダリング
原田ひ香　ミチルさん、今日も上機嫌
原田マハ　旅屋おかえり
原田マハ　ジヴェルニーの食卓
原田マハ　フーテンのマハ
原田宗典　優しくって少しばか
原田宗典　スバラ式世界
原田宗典　しょうがない人
原田宗典　日常ええかい話
原田宗典　むむむの日々
原田宗典　元祖スバラ式世界
原田宗典　十七歳だった！
原田宗典　本家スバラ式世界
原田宗典　平成トム・ソーヤー
原田宗典　大サービス
原田宗典　すんごくスバラ式世界
原田宗典　幸福らしきもの
原田宗典　笑ってる場合
原田宗典　はらだしき村
原田宗典　大変結構、結構大変。ハラダ九州温泉三昧の旅
原田宗典　吾輩ハ作者デアル
原田宗典　私を変えた一言
春江一也　プラハの春(上)(下)
春江一也　ベルリンの秋(上)(下)
春江一也　カリナン
春江一也　ウィーンの冬(上)(下)
春江一也　上海クライシス(上)(下)
坂東眞砂子　桜雨

集英社文庫　目録（日本文学）

集英社文庫　目録（日本文学）

姫野カオルコ　みんな、どうして結婚してゆくのだろう
姫野カオルコ　ひと呼んでミツコ
姫野カオルコ　サ　イ　ケ
姫野カオルコ　すべての女は痩せすぎである
姫野カオルコ　よ　る　ね　こ
姫野カオルコ　ブスのくせに！　最終決定版
姫野カオルコ　結婚は人生の墓場か？
平岩弓枝　釣　女　花房一平捕物夜話
平岩弓枝　女　櫛　花房一平捕物夜話
平岩弓枝　女のそろばん
平岩弓枝　女と味噌汁
平松恵美子　ひまわりと子犬の7日間
平松洋子　野蛮な読書
平山夢明　他《ひ》人《と》事《ごと》
平山夢明　暗くて静かでロックな娘《チャンネー》
ひろさちや　現代版　福の神入門

ひろさちや　ひろさちやの　ゆうゆう人生論
広瀬和生　この落語家を聴け！
広瀬　隆　東京に原発を！
広瀬　隆　赤い楯　全四巻
広瀬　隆　恐怖の放射性廃棄物　プルトニウム時代の終り
広瀬　正　マイナス・ゼロ
広瀬　正　ツ　イ　ス
広瀬　正　エ　ロ　ス
広瀬　正　鏡の国のアリス
広瀬　正　T型フォード殺人事件
広瀬　正　タイムマシンのつくり方
広谷鏡子　シャッター通りに陽が昇る
広中平祐　生きること学ぶこと
アーサー・ビナード　出世ミミズ
アーサー・ビナード　空からきた魚
マーク・ピーターセン　日本人の英語はなぜ間違うのか？

深田祐介　翼　の　時代　フカダ青年の戦後と恋
深谷敏雄　日本国最後の帰還兵　深谷義治とその家族
深町秋生　バッドカンパニー
深町秋生　オーバーキル　バッドカンパニーII
福田和代　怪　物
福田隆浩　熱　風
福本清三／小田豊二　どこかで誰かが見ていてくれる　日本一の斬られ役　福本清三
藤島　大　北風　小説　早稲田大学ラグビー部
藤田宜永　はなかげ
藤野可織　パトロネ
藤本ひとみ　快楽の伏流
藤本ひとみ　離婚まで
藤本ひとみ　令嬢テレジアと華麗なる愛人たち
藤本ひとみ　ブルボンの封印(上)(下)
藤本ひとみ　ダ・ヴィンチの愛人
藤本ひとみ　マリー・アントワネットの恋人

集英社文庫　目録（日本文学）

藤本ひとみ	令嬢たちの世にも恐ろしい物語
藤本ひとみ	皇后ジョゼフィーヌの恋
藤原章生	絵はがきにされた少年
藤原新也	全東洋街道(上)(下)
藤原新也	アメリカ
藤原新也	ディングルの入江
藤原美子	我が家の流儀　藤原家の闘う子育て
藤原美子	家族の流儀　藤原家の褒める子育て
船戸与一	猛《たけ》き箱舟(上)(下)
船戸与一	炎　流れる彼方
船戸与一	虹の谷の五月(上)(下)
船戸与一	降臨の群れ(上)(下)
船戸与一	河畔《かはん》に標《しるべ》なく
船戸与一	夢は荒れ地を
船戸与一	蝶舞う館
古川日出男	サウンドトラック(上)(下)
古川日出男	gift
辺見庸	水の透視画法
保坂展人	いじめの光景
星野智幸	ファンタジスタ
星野博美	島へ免許を取りに行く
細谷正充・編	新選組傑作選　誠の旗がゆく
細谷正充・編	時代小説傑作選　江戸の爆笑力
細谷正充	宮本武蔵の『五輪書』が面白いほどわかる本
細谷正充・編	時代小説アンソロジー　くノ一、百華
細谷正充・編	野辺に朽ちぬとも　吉田松陰と松下村塾の男たち
堀田善衞	若き日の詩人たちの肖像(上・下)
堀田善衞	めぐりあいし人びと
堀田善衞	ミシェル城館の人　第一部　争乱の時代
堀田善衞	ミシェル城館の人　第二部　自然　理性　運命
堀田善衞	ミシェル城館の人　第三部　精神の祝祭
堀田善衞	ラ・ロシュフーコー公爵傳説
堀田善衞	上海にて
堀田善衞	ゴヤ I　スペイン・光と影
堀田善衞	ゴヤ II　マドリード・砂漠と緑
堀田善衞	ゴヤ III　巨人の影に
堀田善衞	ゴヤ IV　運命・黒い絵
穂村弘	本当はちがうんだ日記
堀辰雄	風立ちぬ
堀江貴文	徹底抗戦
堀江敏幸	なずな
本上まなみ	めがね日和
本多孝好	MOMENT
本多孝好	正義のミカタ　I'm a loser
本多孝好	WILL
本多孝好	MEMORY
本多孝好	ストレイヤーズ・クロニクル　ACT-1
本多孝好	ストレイヤーズ・クロニクル　ACT-2

集英社文庫

受験必要論《じゅけんひつようろん》 人生《じんせい》の基礎《きそ》は受験《じゅけん》で作《つく》り得《え》る

2015年10月25日 第1刷
2019年2月18日 第6刷

定価はカバーに表示してあります。

著 者 林《はやし》 修《おさむ》

発行者 徳永 真

発行所 株式会社 集英社

東京都千代田区一ツ橋2-5-10 〒101-8050

電話 【編集部】03-3230-6095

【読者係】03-3230-6080

【販売部】03-3230-6393(書店専用)

印 刷 図書印刷株式会社

製 本 図書印刷株式会社

フォーマットデザイン アリヤマデザインストア　　マークデザイン 居山浩二

ISBN978-4-08-745372-0 C0195